T0209477

essentials liefern aktuelles Wissen in konzentrierter Form. Die Essenz dessen, worauf es als „State-of-the-Art" in der gegenwärtigen Fachdiskussion oder in der Praxis ankommt. *essentials* informieren schnell, unkompliziert und verständlich

- als Einführung in ein aktuelles Thema aus Ihrem Fachgebiet
- als Einstieg in ein für Sie noch unbekanntes Themenfeld
- als Einblick, um zum Thema mitreden zu können

Die Bücher in elektronischer und gedruckter Form bringen das Fachwissen von Springerautor*innen kompakt zur Darstellung. Sie sind besonders für die Nutzung als eBook auf Tablet-PCs, eBook-Readern und Smartphones geeignet. *essentials* sind Wissensbausteine aus den Wirtschafts-, Sozial- und Geisteswissenschaften, aus Technik und Naturwissenschaften sowie aus Medizin, Psychologie und Gesundheitsberufen. Von renommierten Autor*innen aller Springer-Verlagsmarken.

Weitere Bände in der Reihe https://link.springer.com/bookseries/13088

Alexander Häfner · Sophie Hofmann

Die ersten 100 Tage als Führungskraft erfolgreich bewältigen

Was neue Führungskräfte beachten sollten

Alexander Häfner
Zellingen, Deutschland

Sophie Hofmann
Ailringen, Deutschland

ISSN 2197-6708   ISSN 2197-6716   (electronic)
essentials
ISBN 978-3-658-35976-8   ISBN 978-3-658-35977-5   (eBook)
https://doi.org/10.1007/978-3-658-35977-5

Die Deutsche Nationalbibliothek verzeichnet diese Publikation in der Deutschen Nationalbibliografie; detaillierte bibliografische Daten sind im Internet über http://dnb.d-nb.deabrufbar.

Planung/Lektorat: Marion Krämer
Springer ist ein Imprint der eingetragenen Gesellschaft Springer Fachmedien Wiesbaden GmbH und ist ein Teil von Springer Nature.
Die Anschrift der Gesellschaft ist: Abraham-Lincoln-Str. 46, 65189 Wiesbaden, Germany

Was Sie in diesem *essential* finden können

- In diesem essential erhalten Sie Praxistipps für die ersten 100 Tage als Führungskraft
- Wir geben Empfehlungen, wie Führungskräfte möglichst von Anfang an eine aktive, prägende Rolle einnehmen und ihr Team für sich gewinnen können
- Ein Schwerpunkt liegt auf Impulsfragen zur Reflexion des eigenen Führungshandelns, auf Fallbeispielen und der Beschreibung von Tools
- Die praktischen Empfehlungen werden in Bezug zu Forschung gesetzt, vor allem zu wertschätzender Führung

Inhaltsverzeichnis

Über die Autoren

Dr. Alexander Häfner ist seit 2012 Leiter Personalentwicklung bei der Würth Industrie Service und Mitglied im Vorstand der Sektion Wirtschaftspsychologie des BDP. Zu seinen Hauptaufgaben gehören Training und Beratung von Führungskräften unterschiedlicher Hierarchieebenen.
alexander.haefner@wuerth-industrie.com

Sophie Hofmann ist Psychologin und als Expertin für internationale Führungskräfteentwicklung bei Würth tätig. Zu ihren Hauptaufgaben gehören die Entwicklung und Umsetzung von E-Learning-Angeboten, Präsenztrainings und Führungskräftecoachings.
sophie.hofmann@wuerth-industrie.com

Einleitung: Auf den Anfang kommt es an 1

Wie gelingt mir als neue Führungskraft ein guter Start in meine neue Funktion? Wie baue ich eine vertrauensvolle Beziehung zu meinen Mitarbeitern auf? Wie schaffe ich eine gute Basis für eine erfolgreiche Arbeit mit meinem Team? Solche und ähnliche Fragen gehen neuen Führungskräften durch den Kopf. Egal ob sie nun vom Kollegen aus dem Team heraus zur Führungskraft werden oder von außen die Verantwortung für ein Team übernehmen: das Hineinwachsen in die neue Funktion ist eine besondere Zeit mit Chancen und Risiken.

Aus unserer Arbeit mit Führungskräften kennen wir die typischen Zweifel und Sorgen: Wird es Mitarbeiter geben, die mich als Führungskraft nicht akzeptieren? Werde ich den Erwartungen gerecht, die mein Team und meine eigene Führungskraft an mich stellen? Wie komme ich mit den Aufgaben einer Führungskraft zurecht?

Auch für die Kollegen im Team sind die ersten Wochen eine spannende Zeit: Wie tickt unsere neue Führungskraft? Wie werden wir mit ihr auskommen? Was möchte sie verändern? Womöglich gab es Schwierigkeiten mit der vorhergehenden Führungskraft und die Teammitglieder hoffen sehr, dass sich diese nicht wiederholen. Oder das Team hatte eine Führungskraft mit der die Zusammenarbeit sehr gut funktioniert hat und die das Team gerne behalten hätte.

Leider kommt es in der Praxis hin und wieder zum Fehlstart. Führungskraft und Team finden nicht zusammen, die Führungskraft erreicht ihre Mitarbeiter nicht, Konflikte kommen auf und es wird sehr anstrengend für alle Beteiligten. Leistungsprobleme, Krankheitsausfälle und Fluktuationen können die Folge sein. Um das zu vermeiden lohnt es sich als neue Führungskraft an einem guten Start zu arbeiten.

© Der/die Autor(en), exklusiv lizenziert durch Springer Fachmedien Wiesbaden GmbH, ein Teil von Springer Nature 2021
A. Häfner und S. Hofmann, *Die ersten 100 Tage als Führungskraft erfolgreich bewältigen*, essentials, https://doi.org/10.1007/978-3-658-35977-5_1

Mit diesem essential möchten wir in kompakter Form einige Anregungen für einen sicheren und erfolgreichen Start in die Führungsrolle geben. Ein Start, der die Basis legt für Motivation, Mitarbeiterbindung, Gesundheit und Leistung im Team. Wenn Sie selbst vor Ihrer ersten Führungsfunktion stehen oder frisch gestartet sind, dann hoffen wir sehr, dass Sie nach der Lektüre dieses essentials mit (noch) mehr Sicherheit und Freude an Ihre Aufgabe herangehen. Gleichzeitig dürften auch erfahrene Führungskräfte profitieren, da die Nutzung der vorgestellten Tools nicht nur in der Anfangszeit sinnvoll ist.

Als durchgängiges Fallbeispiel werden wir in diesem essential die Teamleiterin Michaela begleiten, die gerade die Verantwortung für ein Team aus 6 Mitarbeiterinnen und Mitarbeitern übernommen hat. Wir gewinnen einen kleinen Einblick in ihre ersten 100 Tage als Führungskraft.

Erwartungen gut klären 2

Was erwarte ich von mir selbst in meiner neuen Führungsfunktion? Was erwarten meine Mitarbeiter von mir? Was erwartet meine eigene Führungskraft von mir? In diesem Kapitel beschäftigen wir uns mit diesen drei grundlegenden Fragen. Wir empfehlen neuen Führungskräften sich mit ihren eigenen Vorstellungen zu ihrer neuen Führungsfunktion und den damit verbundenen Aufgaben intensiv auseinanderzusetzen. Im nächsten Schritt sollten diese Überlegungen gut mit den Erwartungen der Mitarbeiter und der eigenen Führungskraft abgeglichen werden: Wie gut passen die Erwartungen zusammen? Wo gibt es Klärungsbedarf? Wo sind Kompromisse notwendig? In Gesprächen zur Erwartungsklärung können gleiche Sichtweisen deutlich, aber ebenso Unterschiede und Gegensätze transparent gemacht und geklärt werden. Erwartungsklärungen sind für uns die Basis für einen erfolgreichen Start in eine Führungsfunktion.

Abschließend beleuchten wir besondere Herausforderungen in der Praxis: Erstens wenn in den Gesprächen Erwartungen aufkommen, die Ihnen als Führungskraft unerfüllbar erscheinen, zweitens wenn ein Gesprächspartner sehr zurückhaltend und floskelhaft reagiert und drittens, wenn Anliegen bei einem Thema zwischen Führungskraft und Mitarbeiter unvereinbar erscheinen.

2.1 Selbstreflexion zu den eigenen Erwartungen

Ob Sie vom Kollegen zum Vorgesetzten in Ihrem Team werden, aus einem anderen Bereich der Organisation kommen oder von außerhalb: mit der Übernahme einer Führungsfunktion verändert sich Ihre Rolle. Womöglich haben Sie bestimmte Vorstellungen, wie Sie Ihre neue Funktion ausfüllen möchten. Gegebenenfalls haben Sie eigene gute und schlechte Erfahrungen mit Führungskräften

A. Häfner und S. Hofmann, *Die ersten 100 Tage als Führungskraft erfolgreich bewältigen*, essentials, https://doi.org/10.1007/978-3-658-35977-5_2

gemacht, die Sie für sich als prägend erleben. Vielleicht haben Sie im privaten Bereich bereits Führungsverantwortung in Vereinen oder anderen Kontexten
getragen oder in der Betreuung von Auszubildenden und Praktikanten Führungs-
erfahrung gesammelt. Solche Erfahrungen sind sehr wertvoll und erleichtern
den Start in eine Führungsfunktion. Wir empfehlen grundsätzlich in solchen
Funktionen erste Erfahrungen in der Begleitung von Menschen zu sammeln.
Wir haben hier einige Fragen zur Selbstreflexion zusammengestellt. Wählen
Sie am besten die Fragen aus, die Sie im Moment am meisten ansprechen.

Fragen zur Selbstreflexion bei Übernahme der ersten Führungsfunktion

* Wer sind meine Vorbilder und weshalb?
* Was sind meine wichtigsten Führungsaufgaben?
* Welche Erfahrungen und Kompetenzen bringe ich für diese Führungsauf-
  gaben mit? (aus dem beruflichen und privaten Bereich)
* In welchen Bereichen möchte ich meine Führungskompetenzen noch
  weiterentwickeln?
* Wofür will ich meine Zeit als Führungskraft einsetzen?
* Wie konkret wird sich mein Tagesablauf verändern?
* Welche Aufgaben werden weniger, welche mehr, was kommt neu dazu?
* Was würde einem Außenstehenden, der mich eine Woche lang beobachtet,
  bei meinem Führungshandeln auffallen?
* Was ist mir als Führungskraft in der täglichen Kommunikation mit meinen
  Mitarbeitern wichtig?
* Wie kann ich hilfreich für mein Team sein?
* Über welche Aussagen würde ich mich freuen, wenn sich meine Mitarbeiter
  über meine Führungsarbeit in der Küche unterhalten?
* Welches positive Feedback würde ich mir nach meinem ersten Jahr als
  Führungskraft von meiner eigenen Führungskraft wünschen?
* Was möchte ich gerne mit meinem Team bewirken und warum?
* Was sind die Ziele meines Teams?
* Warum gibt es uns als Team?
* Was tragen wir zum Erfolg des Unternehmens bei?

Führung wird jeden Tag praktiziert und beschränkt sich nicht auf die Durchführung von monatlichen Teambesprechungen und jährlichen Mitarbeitergesprächen.
Führung ist viel mehr als Urlaubsgenehmigung und die Freigabe von Rechnun-
gen.

> **Tipp** Nehmen Sie sich als Führungskraft jeden Abend einige Minuten Zeit, um den Tag in einer persönlichen Tagesschau zu reflektieren: Was ist mir als Führungskraft heute gut gelungen? Was habe ich über mich und meine Mitarbeiter gelernt? Was möchte ich in Zukunft eher anders angehen? Wie?

Wenn Führungskräfte sich in erster Linie als Sachbearbeiter verstehen und die Führungsaufgaben dann als lästiges Beiwerk mit dazu übernehmen, dann läuft etwas schief. Auch wenn Führungskräfte viele operative Aufgaben auf ihrem Tisch haben, so ist es wichtig, dass sich ihr Aufgabenpaket mit Übernahme der Führungsfunktion verändert. Wer sich als Führungskraft begreift, wird Aufgaben im Bereich der Teamkoordination, der Mitarbeiterentwicklung, der Mitarbeitermotivation, der Mitarbeiterbindung oder auch der Mitarbeitergesundheit eine hohe Priorität einräumen. Wer sich weiterhin in erster Linie beispielsweise als Einkäufer oder Verkäufer versteht, läuft Gefahr seinen eigentlichen Führungsaufgaben im Tagesablauf nicht den notwendigen Stellenwert zugeben.

Aus unserer Sicht ist es wertvoll, wenn beispielsweise eine Führungskraft im Vertrieb weiter mit Kunden arbeitet. Sie wird dann eher als Vorbild und fachlich kompetenter Feedbackgeber von ihren Mitarbeitern wahrgenommen. Fachliches Können ist eine wichtige Akzeptanzquelle. Führungskräfte, die fachlich fundiertes Feedback geben können, leisten damit einen wichtigen Beitrag für ihr Team. Dennoch ist es wichtig als neue Führungskraft die eigenen operativen Aufgaben zu begrenzen und die neue Führungsrolle auszufüllen. Wir raten neuen Führungskräften also nicht, sich möglichst aus der operativen Tagesarbeit herauszunehmen, sondern empfehlen eine Neujustierung. Das kann konkret bedeuten, dass als Orientierungswert für jeden geführten Mitarbeiter 5 % der eigenen Arbeitszeit aufgewandt werden (z. B. für fachlichen Austausch zu Arbeitsaufgaben, für das Kümmern um Anliegen der Mitarbeiter). Wir verstehen dies als einen Orientierungswert mit großer Schwankungsbreite. Wie gut ist ein Mitarbeiter eingearbeitet? Wie eigenverantwortlich kann ein Mitarbeiter arbeiten? Von diesen Fragen hängt der Zeiteinsatz pro Mitarbeiter vor allem ab.

> **Tipp** Ziehen Sie für sich als neue Führungskraft nach den ersten 100 Tagen eine erste Bilanz: Welche Ihrer Erwartungen an sich selbst konnten Sie aus Ihrer Sicht erfüllen? Wie haben Sie Ihre Arbeitszeit eingesetzt? Was haben Sie bei Ihren eigentlichen Führungsaufgaben ins Team einbringen können (z. B. Beiträge zur Teamkoordination oder Mitarbeiterentwicklung)? Wo möchten Sie nachjustieren und wie kann Ihnen das gelingen?

In Tabelle 2.1 haben wir einige Aussagen aus unseren Trainings mit angehenden oder kürzlich ernannten Führungskräften zusammengestellt. Die Aussagen verdeutlichen was Führungskräfte unter ihrer Führungsaufgabe verstehen. Die Übersicht ist nicht vollständig, deckt jedoch wesentliche Aspekte ab. In der Führungsforschung werden neben einem guten Selbstmanagement das Trainieren und Motivieren von Mitarbeitern, das Organisieren und Delegieren sowie Teamentwicklung als zentrale Führungsaufgaben beschrieben (Felfe, 2009). Wir kategorisieren die Beispiele aus den Führungskräftetrainings anhand dieser Überlegungen der Führungsforschung.

Vor dem Hintergrund unserer langjährigen Erfahrung in der Arbeit mit angehenden Führungskräften erscheint es uns als sehr wichtig, dass Führungskräfte

Tab. 2.1 Grundlegende Führungsaufgaben mit Beispielen

Führungsaufgaben	Beispiele aus Führungskräftetrainings
Trainieren & Entwickeln	• Neue, anspruchsvolle Aufgaben übertragen • Feedback geben • Mitarbeiter in ihrer Karriereentwicklung unterstützen • Potentialanalysen durchführen • Mit Mitarbeitern über Lernangebote sprechen (z. B. Präsenztrainings, E-Learning-Angebote)
Motivieren	• Ein offenes Ohr für die Anliegen der Mitarbeiter haben • Mitarbeiter um ihre Meinung bitten • Dank und Anerkennung aussprechen • Freiräume geben • Unnötige und unpassende Aufgaben identifizieren und verändern
Organisieren & Delegieren	• Aufgaben nach Interessen, Fähigkeiten und Kapazitäten übertragen • Teambesprechungen durchführen • Arbeitsanleitungen und Checklisten erstellen (lassen) • Aufgabenverteilung/Zuständigkeiten im Team gut klären/auf eine faire Arbeitsverteilung im Team achten • Ziele erarbeiten (für das Team und einzelne Teammitglieder)
Das Team entwickeln	• Teamessen und Teamausflüge umsetzen • Teamregeln erarbeiten • Konflikte im Team klären • Als Führungskraft für das Team einstehen • Als Vorbild die Zusammenarbeit im Team prägen (z. B. Optimismus und Wertschätzung vorleben)

nicht in ihre neue Funktion hineinstolpern, sondern eine bewusste Auseinandersetzung mit und Unterstützung bei dieser wichtigen Rollenveränderung stattfindet (z. B. im Rahmen von Führungskräftetrainings, durch einen erfahrenen Mentor, durch die eigene Führungskraft).

Beispiel: Selbstreflexion zu wichtigen Führungsaufgaben

Michaela freut sich auf ihre neue Führungsaufgabe. Ein wichtiger Grundsatz ist für sie, dass Mitarbeiter dann zufrieden und erfolgreich arbeiten können, wenn ihnen ihre Aufgaben Spaß machen und sie ihre Fähigkeiten gut einbringen können. Sie ist deshalb besonders gespannt, wie gut in ihrem Team die Talente und Interessen ihrer Mitarbeiter zu den jeweiligen Aufgaben passen. Das möchte sie genau beobachten und in Gesprächen hinterfragen. Womöglich ergeben sich da Ansatzpunkte für Verbesserungen, um eine bessere Passung herzustellen.

Ein zweiter Grundsatz ist für sie, dass es sich positiv auf Leistung und Arbeitszufriedenheit auswirkt, wenn sich die Mitarbeiter im Team wohlfühlen. Deshalb will sie auch auf das Teamklima besonders achten: Wie wertschätzend wird miteinander umgegangen? Wird anderen im Team Hilfe angeboten? Werden Erfolge zusammen gefeiert? Sie hat konkrete Vorstellungen, was ein gutes Teamklima ausmacht und möchte, falls notwendig, Impulse in diese Richtung setzen.

Fachlich bringt Michaela zu den Aufgaben ihrer Mitarbeiter aus früheren Stellen viele Kenntnisse und Erfahrungen mit. Sie möchte für ihre Mitarbeiter gerne eine hilfreiche Gesprächspartnerin sein, die ihre Mitarbeiter fachlich weiterbringt. Sie sieht es als einen wichtigen Teil ihrer Führungsaufgabe ihre Mitarbeiter bei fachlichen Problemen durch Fragen und Anregungen zu unterstützen, möchte allerdings nicht in die Falle tappen alle schwierigen Aufgaben auf ihren Schreibtisch zu holen. Sie möchte sich mindestens einmal pro Woche mit jedem Mitarbeiter in einem angesetzten Termin zu den aktuellen Aufgaben austauschen. Daneben möchte sie täglich per E-Mail, telefonisch oder auch persönlich für ihre Mitarbeiter greifbar sein, um aufkommende Probleme möglichst schnell miteinander klären zu können. Ganz konkret ist ihr beispielsweise wichtig, dass ihre Mitarbeiter auf eine E-Mail möglichst am gleichen oder nächsten Tag eine Rückmeldung von ihr bekommen, damit sie an bestimmten Themen zügig weiterarbeiten können und Aufgaben nicht auf der langen Bank landen.

So hat sich Michaela einige Gedanken gemacht, was ihr wichtig ist und wie sie ihre Führungsfunktion versteht. Einige Erwartungen an sich selbst hat sie sehr konkret formuliert, was es ihr erleichtern sollte nach einiger Zeit zu überprüfen, wie gut ihr die Umsetzung tatsächlich gelingt.◄

2.2 Erwartungsgespräche mit Mitarbeitern führen

Die einzelnen Teammitglieder eines Teams können ganz unterschiedliche Erwartungen an ihre neue Führungskraft haben. Dabei kann es um Themen auf verschiedenen Ebenen gehen: von grundlegenden Fragen wie Freiheiten bei der Erledigung von Aufgaben oder Mitsprachemöglichkeiten bei Entscheidungen, bis hin zu ganz spezifischen Punkten, wie Pünktlichkeit im Team oder dass sich die Führungskraft um eine gute Ausstattung mit bestimmten Arbeitsmitteln kümmert. Gespräche zur Erwartungsklärung sind aus unserer Sicht ein wertvolles Tool, das wir jeder neuen Führungskraft sehr empfehlen.

Beispiel: Mögliche Erwartungen der Mitarbeiter an die Führungskraft

In Michaelas neuem Team sind alle schon sehr gespannt, wie sie mit ihrer neuen Führungskraft auskommen werden. Ihre Vorgängerin ist in Rente gegangen. Mit Michaela haben sie nun eine Teamleiterin, die aus einem anderen Unternehmensbereich kommt und bislang noch keine Kontakte zu den Kolleginnen und Kollegen im Team hatte. In ihrem neuen Team gibt es ganz unterschiedliche Erwartungen an sie als Führungskraft.

Ein junger Kollege wünscht sich viel gemeinsame Zeit mit seiner Führungskraft. Er möchte sich zu seinen Aufgaben eng mit Michaela abstimmen und erwartet viel Feedback und viel Unterstützung bei seinen täglichen Aufgaben. Eine andere Kollegin im Team erwartet sich möglichst viel Freiraum. Ihre ideale Führungskraft ist im Notfall greifbar und hält sich sonst zurück. Es ist für sie völlig ausreichend, wenn ihre Führungskraft ab und zu einmal nachfragt, wie es bei ihr so läuft und sie sonst einfach machen lässt.

Einer anderen Kollegin im Team ist der pünktliche Beginn bei Abstimmungen sehr wichtig. Sie ärgert sich immer sehr, wenn sie bei Abstimmungen auf Gesprächspartner warten muss. Das ist für sie ein ganz zentraler Punkt. Sie erwartet von Michaela, dass diese vor allem verbindlich handelt, was bei ihr beim Thema Pünktlichkeit beginnt.

Einem anderen Kollegen ist es sehr wichtig, dass sich Michaela möglichst bald um einen Konflikt zwischen dem Team und einer anderen Abteilung kümmert, der schon lange vor sich hin gärt und schon viel Kraft gekostet hat.◄

In unserem Fallbeispiel finden sich Kolleginnen und Kollegen mit ganz unterschiedlichen und auch gegensätzlichen Erwartungen. Was ein Teammitglied richtig gut fände (z. B. eine sehr enge Begleitung durch die Führungskraft), käme bei einem anderen Teammitglied überhaupt nicht gut an. In Gesprächen zur Erwartungsklärung geht es nun darum, solche Erwartungen zwischen Führungskraft und Mitarbeitern zu klären. Ohne klärende Gespräche kann eine Führungskraft nicht wissen, was ihre Mitarbeiter von ihr erwarten.

Führungskräfte sollten bei Erwartungen nicht von sich auf andere im Team schließen. Wenn mir als Führungskraft zum Beispiel Pünktlichkeit sehr wichtig ist, so heißt das nicht, dass das für alle im Team so sein muss. Wir empfehlen mit einem hohen Maß an Offenheit auf die Mitarbeiter zu zugehen und gerade Interesse für Perspektiven zu zeigen, die von eigenen Sichtweisen abweichen.

Warum ist es wichtig, sich mit den Erwartungen der Mitarbeiter intensiv zu beschäftigen? Enttäuschte Erwartungen sind ein relevanter, seit langem bekannter Fluktuationsgrund (Porter & Steers, 1973). Einzelne, kritische Ereignisse (z. B. eine Führungskraft hält ein Versprechen nicht ein), können eine Kündigung auslösen (Holtom et al., 2017; Lee & Mitchell, 1994).

Nur ein kleiner Teil der Erwartungen, die Beschäftigte an ihren Arbeitgeber haben, sind formal im juristischen Arbeitsvertrag definiert. Daneben existieren weitere Erwartungen, beispielsweise die Annahme, dass die Führungskraft Weiterbildungswünsche positiv aufnimmt oder dass bei entsprechender Leistung und Eignung die Führungskraft den Mitarbeiter in seiner Karriereentwicklung unterstützt. Auch Themen wie Budgetverantwortung, Entscheidungsspielräume oder die Gestaltung von Abstimmungsprozessen sind in der Regel nicht Teil von Arbeitsverträgen. Über einige dieser Punkte wird zwischen Mitarbeitern und Führungskraft gesprochen, manches mag auch dokumentiert sein, während es zu anderen Punkten eher implizite Annahmen gibt. Bei den zahlreichen Erwartungen, die nicht explizit im Arbeitsvertrag geregelt sind, wird auch von einem psychologischen Vertrag gesprochen (Raeder & Grote, 2012). Wird dieser Vertrag gebrochen, werden also Erwartungen enttäuscht, so erhöht dies die Fluktuationswahrscheinlichkeit (Rubenstein et al., 2018). Wer als neue Führungskraft die Erwartungen seiner Mitarbeiter nicht wahrnimmt, stellt damit die Weichen für mögliche spätere Fluktuationen. Es ist wichtig diesen Zusammenhang als neue Führungskraft von Anfang an im Blick zu haben.

> ▶ **Tipp** Stellen Sie sich als neue Führungskraft (und auch später) immer
> wieder einmal bewusst die folgenden Fragen: Was erwarten meine
> Mitarbeiter von mir? Was braucht jeder einzelne um zufrieden und
> gesund einen erfolgreichen Job in meinem Team machen zu können?
> Was kann ich als Führungskraft dazu beitragen?

In Gesprächen zur Erwartungsklärung kann ehrliches Interesse an den Anliegen der Mitarbeiter gezeigt und in der Folge können ihre Anliegen in der weiteren Zusammenarbeit berücksichtig werden. So kann die Arbeitszufriedenheit positiv beeinflusst werden; damit sinkt die Wahrscheinlichkeit für Fluktuationen (z. B. Ferreira et al., 2017).

Allerdings bemerken die Mitarbeiter womöglich erst nach einigen Wochen gemeinsamer Arbeit, welche Erwartungen bei ihnen verletzt werden. Ihnen fallen im Laufe der Zeit Verhaltensweisen bei ihrer Führungskraft auf, die sie stören oder irritieren. Basierend auf solchen konkreten Erfahrungen bei gemeinsamen Aufgaben, in Abstimmungen zu zweit, nach Teambesprechungen und E-Mail-Kontakten kann es sinnvoll sein, die Klärung gegenseitiger Erwartungen nochmals aufzugreifen.

Auch eine Führungskraft bringt ihre Erwartungen mit ins Team. So hat sie womöglich konkrete Vorstellungen davon, wie Entscheidungen im Team getroffen werden sollen oder bei welchen Themen sie von ihren Mitarbeitern involviert werden möchte. Diese Vorstellungen können sich mit den Annahmen einzelner Mitarbeiter decken, aber sich auch deutlich unterscheiden. Werden diese Erwartungen nicht transparent gemacht, sind Konflikte zwischen Führungskraft und Mitarbeitern vorprogrammiert.

> ▶ **Tipp** Führen Sie als neue Führungskraft mit allen Mitarbeitern in
> Ihrem Team möglichst frühzeitig ein ausführliches Gespräch um
> Erwartungen aneinander gut zu klären. Bereiten Sie diese Gespräche
> sorgfältig vor und nach. Wiederholen Sie die Gespräche nach einigen
> Wochen gemeinsamer Arbeit.

Gespräche zur gegenseitigen Erwartungsklärung sollten nicht als Einbahnstraße angelegt sein, sondern als ein Dialog auf Augenhöhe, bei dem Führungskraft und Mitarbeiter ihre Anliegen in gleicher Weise einbringen und miteinander klären. Beide Seiten sollten sich gut auf die Gespräche vorbereiten. Wir empfehlen neuen Führungskräften ihren Mitarbeitern einige Tage vor dem Gespräch zu erklären, was sie damit bezwecken und wie das Gespräch ablaufen wird.

Übersicht zur Vorbereitung und Durchführung von Gesprächen zur Erwartungsklärung

- Empfehlungen für die Vorbereitung:
  - Themen auswählen, die im Gespräch aufgegriffen werden sollen (z. B. die Frequenz, den Ablauf, die Dauer und die Inhalte von Abstimmungen)
  - Dem Mitarbeiter konkrete Fragen für die Vorbereitung mit an die Hand geben:
    „Was konkret hast du in der Zusammenarbeit mit früheren Führungskräften als mehr oder weniger gut erlebt?"
    „Wie haben dir frühere Führungskräfte bei deiner Arbeit richtig gut weitergeholfen?"
    „Wie habt ihr die Zusammenarbeit konkret gestaltet?"
    „Wenn du die Möglichkeit hättest für dich die ideale Führungskraft zu basteln, wie wäre diese Führungskraft? Was würde sie tun?"
    „Wie stellst du dir unsere Abstimmungen vor? Zu welchen Themen? In welcher Frequenz? Was kann ich dazu beitragen, dass unsere Abstimmungen wertvoll für dich sind?"
    „Was darf in unserer Zusammenarbeit keinesfalls passieren?"
    „Was kann ich als Führungskraft dazu beitragen, dass du bei uns einen richtig guten Job machen kannst?"
    „Welche Hindernisse erlebst du bei deiner Arbeit? Was bremst dich aus? Was könnte da mein Beitrag zur Verbesserung sein?"
    „Wenn du drei Wünsche an mich haben darfst, die ich möglichst erfülle, welche Wünsche wären das?"
- Dem Mitarbeiter die Ziele des Gesprächs erläutern:
  - Die gegenseitigen Erwartungen kennenlernen und miteinander klären:
    „Mich interessiert, welche Erwartungen du an mich als Führungskraft hast: Was ist dir für unsere Zusammenarbeit wichtig?"
    „Wir kennen das aus dem privaten Bereich: Manchmal stören uns Kleinigkeiten und weil wir sie nicht ansprechen, wird ein größeres Problem daraus. Ich möchte gerne, dass wir in unserer Zusammenarbeit unsere Anliegen möglichst direkt und offen auf den Tisch legen."

„Ich möchte dir gerne beschreiben, was mir für unsere Zusammenarbeit wichtig ist. Das möchte ich dir gerne in unserem Gespräch erläutern."
- Verständnis füreinander fördern:
  „Mich interessiert auch, warum etwas für dich wichtig ist."
- Vereinbarungen für die Zusammenarbeit treffen:
  „Wenn wir unsere Erwartungen aneinander gut kennen, können wir auf dieser Basis Vereinbarungen für die Gestaltung unserer Zusammenarbeit treffen, so dass es für uns beide gut passt."
- Möglicher Ablauf des Gesprächs:
  - Der Mitarbeiter schildert seine Erwartungen:
    „Ich möchte gerne zunächst mit dir darüber sprechen, was dir für unsere Zusammenarbeit wichtig ist. Sprich bitte alle Punkte möglichst offen und ehrlich an."
  - Gegebenenfalls wird über Interessen, Bedürfnisse und Sorgen gesprochen, die hinter den geäußerten Erwartungen liegen.
  - Auf Augenhöhe werden Vereinbarungen ausgehandelt:
    „Mir ist es wichtig, dass wir darüber sprechen, welche Anliegen ich erfüllen kann und welche Anliegen womöglich auch nicht. Das kann auch bedeuten, dass wir Kompromisse finden und konkrete Vereinbarungen für unsere Zusammenarbeit treffen."
    „Die Ergebnisse unseres Gesprächs halte ich für uns beide schriftlich fest, damit wir sie uns immer wieder hernehmen können, wenn wir die Qualität unserer Zusammenarbeit reflektieren."
  - Der Prozess wird genauso mit den Erwartungen der Führungskraft durchlaufen, soweit diese nicht bereits eingeflossen sind:
    „Ich bringe die Punkte mit in unser Gespräch ein, die mir wichtig sind. Zu diesen Themen möchte ich deine Meinung wissen. Auch bei diesen Punkten möchte ich mit dir Vereinbarungen treffen."

Möglicherweise ist dieser Ansatz für die Mitarbeiter zunächst ungewöhnlich. Es können Vorbehalte und vielleicht auch Sorgen auftreten. Wir empfehlen deshalb in der Kommunikation herauszuarbeiten, dass Sie sich für die Anliegen Ihrer Mitarbeiter sehr interessieren und mit diesen Gesprächen eine gute Basis für die weitere Zusammenarbeit schaffen möchten. Zudem möchten Sie Ihre eigenen Erwartungen möglichst transparent erläutern.

Es geht in den Gesprächen nicht darum einen bestimmten Themenkatalog abzuarbeiten. Es geht darum, was sich die Mitarbeiter von ihrer Führungskraft erwarten und umgekehrt. Die Ausgestaltung der Zusammenarbeit zwischen Mitarbeiter und Führungskraft sollte aus unserer Sicht den größten Raum in den Gesprächen einnehmen. Allerdings sollten die Mitarbeiter auch weitere Anliegen einbringen können, auf die die Führungskraft direkt oder indirekt Einfluss nehmen kann. Womöglich sind mehrere Gespräche notwendig, wenn Mitarbeiter verschiedene Themenbereiche ansprechen wollen. Es kann also auch um Erwartungen rund um die Arbeitsbedingungen gehen (z. B. die Möglichkeit im Homeoffice arbeiten zu können), um Entwicklungsanliegen (z. B. der Wunsch neue, herausfordernde Aufgaben zu übernehmen), oder um die Gestaltung der Zusammenarbeit im Team (z. B. die Verteilung neuer Aufgaben).

Die Gespräche sollten schriftlich festgehalten und in regelmäßigen Abständen reflektiert werden. So kann beispielsweise nach drei Monaten besprochen werden, welche Erwartungen gut erfüllt werden konnten und welche eher nicht. Wie bereits angesprochen, können gerade in den ersten Monaten des näheren Kennenlernens weitere Erwartungen aufkommen und weitere Gespräche zur Erwartungsklärung hilfreich sein.

Beispiel: Gespräch zur Erwartungsklärung – Erwartungen des Mitarbeiters

Michaela hat in ihrem Team angekündigt, dass sie gerne mit jedem ein ausführliches Gespräch zur gegenseitigen Erwartungsklärung führen möchte. Sie hat ihren Mitarbeitern im Vorfeld einige Fragen an die Hand gegeben und führt nun das erste Gespräch mit Tom, einem langjährigen Mitarbeiter im Team.

Michaela: „Lieber Tom, es freut mich, dass du dir die Zeit für unser Gespräch nimmst und wie ich sehe hast du auch einige Notizen mitgebracht. Vielen Dank, dass du dich auf unser Gespräch vorbereitet hast. Mir ist es wichtig, dass wir eine gute Basis für unsere Zusammenarbeit schaffen und da gehört für mich die Klärung der gegenseitigen Erwartungen mit dazu. Was ist dir für unsere Zusammenarbeit besonders wichtig?"

Tom: „Ich mache diesen Job jetzt seit 15 Jahren und ich weiß gut, wie der Hase läuft. Ich mag es überhaupt nicht, wenn mich jemand kontrollieren will. Ich brauche meine Freiheiten."

Michaela: „Was verstehst du unter Kontrolle?"

Tom: „Ich hatte mal eine Führungskraft, die hat mich jeden Abend gefragt, was ich heute alles gemacht habe und hat mich bei Projekten vor den ausgemachten Abgabefristen immer an die Termine erinnert. Das war vielleicht nett gemeint, aber ich brauche keine Führungskraft, die mich an meine Termine erinnert und der ich am Abend noch eine halbe Stunde meinen Tag erzähle. Das ist für mich nicht sinnvoll. Das bringt mir nichts."

Michaela: „Vielen Dank für deine Offenheit! Ich verstehe das so, dass ich mich bei vereinbarten Terminen auf dich verlassen kann und du die Erfahrung gemacht hast, dass dein Selbstmanagement ohne Erinnerungen von außen gut funktioniert. Habe ich das so richtig verstanden?"

Tom: „Ja, genau so. Du hast doch auch so viel zu tun, dass es doch lästig für dich wäre, wenn du mich noch an meine Termine erinnern müsstest. Das wäre doch komisch."

Michaela: „Das kann ich gut nachvollziehen und passt gut für mich. Lass uns gerne noch über den zweiten Punkt sprechen. Weil mich interessiert, wie meine Mitarbeiter zurechtkommen, frage ich gerade bei wichtigen Projekten immer wieder einmal nach, wie es läuft und ob ich helfen kann. Vielleicht so ein- oder zweimal in der Woche. Wie würde das für dich passen?"

Tom: „Das ist für mich okay. Interesse ist ja gut. Aber jeden Abend würde mich das nerven."

Michaela: „Gut, dann passt es für uns beide, wenn ich dich gelegentlich Frage, wie es bei deinen wichtigen Projekten so läuft. Das wird sicher nicht täglich sein und ich werde dich auch nicht an Termine erinnern. Lass uns gerne in zwei Monaten einmal schauen, wie gut das klappt.

Wie kann ich für dich nützlich sein? Für was brauchst du mich als Führungskraft? Gerade vor dem Hintergrund deiner langjährigen Erfahrung und deiner bisherigen Erfolge."

Tom: „Wenn ich bei einem Problem eine zweite Meinung brauche, dann ist mir wichtig, dass ich zeitnah von meiner Führungskraft ein Feedback bekomme. Und vor allem ist mir wichtig, dass sich meine Führungskraft bei der Geschäftsleitung für die Ressourcen einsetzt, die wir für unsere Projekte benötigen. Das sind zwei Punkte, die mir für unsere Zusammenarbeit wichtig sind."

Michaela: „Vielen Dank für deine Offenheit. Die beiden Punkte sehe ich als wichtige Führungsaufgaben und will ich so berücksichtigen. Was ist dir für unsere Zusammenarbeit noch wichtig?"

Tom: „Für mich ist es völlig ausreichend, wenn wir uns einmal im Monat ausführlicher zu meinen Aufgaben abstimmen. Ansonsten würde ich dir schreiben oder dich anrufen, wenn ich deine Hilfe brauche. Und direktes Feedback ist mir wichtig. Nicht um den heißen Brei herumreden."◄

Michaela zeigt im Beispieldialog starkes Interesse an den Anliegen von Tom. Sie zeigt dieses Interesse durch offene Fragen, durch Nachfragen, ob sie ein Anliegen richtig verstanden hat und durch vertiefende Fragen, die unmittelbar an Aussagen von Tom anknüpfen. Zudem signalisiert sie Verständnis für seine Anliegen. So erfährt sie, was Tom sich wünscht und was ihn stören würde. Michaela macht auch deutlich, dass die Erwartungen von Tom gut mit ihren eigenen Vorstellungen zusammenpassen.

> **Tipp** Stellen Sie als Führungskraft in der Kommunikation mit Ihren Mitarbeitern viele offene Fragen und hören Sie gut zu. Vermeiden Sie dabei vorschnelle Interpretationen und vergewissern Sie sich durch Nachfragen, ob bei Ihnen auch angekommen ist was Ihnen Ihre Mitarbeiter sagen möchten.

In der Praxis ist es wahrscheinlich, dass sich die Zusammenarbeit mit jedem Mitarbeiter, gerade auch auf Basis der Gespräche, jeweils etwas anders gestaltet. So wird Michaela sich mit Tom seltener abstimmen, als mit Mitarbeitern, die in ihrer täglichen Arbeit mehr Unterstützung durch ihre Führungskraft benötigen.

Genauso wichtig, wie die Anliegen des Mitarbeiters, sind auch die Erwartungen der Führungskraft. Wahrscheinlich kommen im Gespräch viele Überschneidungen auf. So kann es für beide Gesprächspartner wichtig sein, dass vereinbarte Termine eingehalten werden und es einen regelmäßigen Austausch zu gemeinsamen Projekten gibt. Daneben kann es auch Erwartungen geben, die vor allem für die Führungskraft wichtig sind. Wir empfehlen diese Anliegen gut zu beschreiben, zu begründen und die Mitarbeiter explizit zu fragen, ob sie das Anliegen nachvollziehen und in der Zusammenarbeit berücksichtigen können. Bei Unstimmigkeiten empfehlen wir statt einseitiger Anweisungen einen Klärungsprozess. Im folgenden Fallbeispiel aus einem Gespräch zwischen Michaela und einer Kollegin in ihrem Team und in Abschnitt 2.4 gehen wir näher auf solche Klärungsprozesse ein.

> **Beispiel: Gespräch zur Erwartungsklärung – Erwartungen der Führungskraft**
>
> *Michaela:* „Wenn wir bei einem Projekt Gefahr laufen, dass wir das mit der Geschäftsleitung vereinbarte Budget überschreiten, ist es für mich wichtig, dass du rechtzeitig auf mich zu kommst, damit wir uns beraten können, wie wir mit der Situation umgehen. Rechtzeitig bedeutet für mich, sobald sich für dich abzeichnet, dass wir das Budget nicht einhalten können. Wir können uns dann beraten, ob wir noch Einsparpotential sehen, ob ich in meiner Führungsfunktion die Budgetüberschreitung vertreten kann oder ob ich mit der

Geschäftsleitung ins Gespräche gehe. Wie nachvollziehbar ist der Punkt für dich?"

Julia: „Wenn es bislang Budgetprobleme gab, dann habe ich meistens direkt unseren zuständigen Geschäftsführer, Herrn Schmitt, angesprochen. Das konnte ich dann immer gut mit ihm klären."

Michaela: „Es freut mich, dass du so gute Erfahrungen gemacht hast. Ich kann mir gut vorstellen, dass du in solchen Fällen direkt auf Herrn Schmitt zugehst. Wenn das immer gut geklappt hat, dann können wir das gerne beibehalten. Allerdings ist mir wichtig, dass wir vorab Alternativen gemeinsam prüfen, zum Beispiel Einsparmöglichkeiten. Womöglich kommen wir zu zweit noch auf gute Ideen. Und ich würde dann gerne mit dir überlegen, wie womöglich andere im Team bei anderen Projekten von deinen bisherigen Erfahrungen profitieren können. Passt das so für dich?"

Julia: „Ja, das ist ein guter Ansatz. Wenn ich Herrn Schmitt Alternativen vorschlagen kann und Ideen für Einsparungen mitbringe, dann ist das eine gute Sache. Die Erfahrung habe ich schon immer wieder gemacht, dass zu zweit nochmal neue Ideen aufkommen können. Und klar kann ich meine Erfahrungen mit anderen im Team teilen."◄

In der Ausbildung von Führungskräften sind Gespräche zur Erwartungsklärung für uns ein wichtiger Standard. In Reflexionsterminen nach Trainings berichten die Teilnehmer in der Regel, dass sie die Gespräche mit ihren Mitarbeitern geführt und als sehr hilfreich erlebt haben. Sie nehmen diese Gespräche als vertrauensbildende Maßnahme wahr und können oft interessante Erkenntnisse zu den Anliegen ihrer Mitarbeiter gewinnen. Ebenso sehen sie in den Gesprächen eine Chance um ihre Anliegen gegenüber ihren Mitarbeitern möglichst transparent darzulegen.

Offene Fragen zu stellen und dann aufmerksam zuzuhören sind zentrale Erfolgsfaktoren für das Gelingen dieser Gespräche (vergleiche Van Quaquebeke & Felps, 2018). Wer als Führungskraft seine Mitarbeiter in diesen Gesprächen unterbricht, sich keine Notizen macht oder sich mit seinem Smartphone statt mit dem Mitarbeiter beschäftigt, unterminiert damit die Ziele des Gesprächs. Das bedeutet, dass die Gespräche eine wertschätzende Grundhaltung voraussetzen: Es geht um maximales Interesse am Mitarbeiter.

In den Gesprächen zur Erwartungsklärung können Anliegen aufkommen, die Sie als Führungskraft gut aufgreifen können und die Ihrem Führungsstil entsprechen. Gleichzeitig sind auch Anliegen denkbar, die Sie aus guten Gründen nicht erfüllen wollen oder nicht erfüllen können. In Abschnitt 2.4 gehen wir auf solche Gesprächssituationen ein.

2.3   Erwartungsgespräche mit der eigenen Führungskraft führen

Genauso wichtig wie Klarheit zu den gegenseitigen Erwartungen zwischen der Führungskraft und den Mitarbeitern im Team ist auch Klarheit in Richtung der eigenen Führungskraft. Eine gute Klärung beugt Konflikten vor und ist ein wichtiger Beitrag für eine effektive und effiziente Zusammenarbeit.

> **Fragen**
>
> Fragen, die zwischen Führungskräften (z. B. eine Teamleiterin mit ihrer Abteilungsleiterin) geklärt werden sollten:
>
> - Was erwartet meine Führungskraft von mir?
> - Wie gut passen unsere Vorstellungen von Führung zusammen?
> - Wo sind wir uns einig?
> - Wo sind Kompromisse wichtig?
> - Wo könnten Differenzen auftreten und wie gehen wir gut damit um?
> - Wie wollen wir unsere Zusammenarbeit konkret gestalten?

Nehmen wir beispielsweise an, dass eine Teamleiterin die Führungsverantwortung für eines von vier Teams einer Abteilung übernimmt. Sie trägt die fachliche und disziplinarische Führungsverantwortung für das Team, was unter anderem bedeutet, dass sie als erster Ansprechpartner für die Kollegen im Team fungiert, Feedback gibt, die Teambesprechungen leitet und ihre Mitarbeiter in ihrer Weiterentwicklung unterstützt. Auch wenn die Teamleiterin in diesem Fall ein hohes Maß an Verantwortung trägt, so kann es eine Vielzahl an Themen geben, bei denen ihre Abteilungsleiterin mit ins Spiel kommt. Nachfolgend skizzieren wir einige Themen.

> **Übersicht über mögliche Themen zur Klärung zwischen Führungskräften**
>
> - Umgang mit Aufgaben, die die Abteilungsleiterin mit Mitarbeitern im Team direkt bearbeitet:
>   - Anhand welcher Kriterien, wird entschieden, ob die Abteilungsleiterin eine Aufgabe direkt mit Mitarbeitern im Team bearbeitet?

- Wird die Teamleiterin bei solchen Aufgaben über Fortschritte und Ergebnisse informiert? Durch wen?
- Klärung der Entscheidungskompetenz der Teamleiterin:
  - Bei welchen Entscheidungen muss die Teamleiterin ihre Abteilungsleiterin involvieren (z. B. Umverteilung von Aufgaben im Team, Leistungsprämien)?
  - Welche formalen Regeln sind zu beachten (z. B. Unterschriftenregelung der Organisation)?
- Unterstützung der Abteilungsleiterin durch die Teamleiterin:
  - Gibt es bestimmte Aufgaben, die die Teamleiterin im Vertretungsfall übernimmt?
  - Wie stark ist es gewünscht, dass die Teamleiterin ihre Abteilungsleiterin bei Entscheidungen berät? Bei welchen Themen?
  - Welche Rolle übernehmen die Teamleiter bei Themen, die die ganze Abteilung betreffen (z. B. Durchführung von Abteilungsbesprechungen)?
- Klärung der Zusammenarbeit bei gemeinsamen Aufgaben:
  - Gibt es Aufgaben, bei denen Teammitglieder, Teamleiterin und Abteilungsleiterin zusammenarbeiten?
  - Wie werden in dieser Konstellation Informationen geteilt, Arbeitspakete verteilt, Zwischenstände besprochen, Feedback gegeben und Entscheidungen getroffen?

Durch eine umfassende Erwartungsklärung kann verhindert werden, dass sich beide Führungskräfte in die Quere kommen. So sollte vermieden werden, dass sich Teamleiter von ihren Abteilungsleitern übergangen fühlen und umgekehrt. Ein möglichst konfliktfreier und wertschätzender Umgang zwischen den verschiedenen Führungsebenen hat eine wichtige Vorbildwirkung für die Kolleginnen und Kollegen in den Teams.

Wir empfehlen angehenden Führungskräften, die gegenseitigen Erwartungen mit ihrer potentiellen neuen Führungskraft gut zu klären, bevor sie die finale Entscheidung treffen eine Führungsposition anzunehmen. Ob bei relevanten Themen in der Zusammenarbeit eine gute Passung hergestellt werden kann, ist eine Frage, die gut bedacht und geklärt sein sollte.

> **Fragen zur Vorbereitung von Gesprächen zur Erwartungsklärung mit der eigenen Führungskraft**
>
> - Was brauche ich von meiner eigenen Führungskraft, um gut führen zu können?
> - Bei welchen Führungsaufgaben benötige ich Unterstützung?
> - Wie muss sich meine Führungskraft verhalten, um mich zu ärgern, zu kränken, zu demotivieren?
> - Wie muss sich meine Führungskraft verhalten, damit mir die Zusammenarbeit Spaß macht?
> - Wie muss sich meine Führungskraft verhalten, damit wir in unserer Zusammenarbeit Erfolg haben?

2.4 Herausfordernde Gesprächssituationen meistern

Von neuen Führungskräften, die Gespräche zur Erwartungsklärung mit ihren Mitarbeitern führen, bekommen wir ganz überwiegend das Feedback, dass sich ihre Teammitglieder gut auf die Gespräche einlassen können und sie miteinander gut zu Klärungen kommen. Selten treten ernsthafte Schwierigkeiten dabei auf. Dennoch möchten wir an dieser Stelle auf drei Problembereiche eingehen, die uns für die Praxis besonders relevant erscheinen.

Umgang mit *unerfüllbaren* Erwartungen
Was mache ich, wenn ein Mitarbeiter etwas von mir erwartet, was ich nicht erfüllen kann? Wir empfehlen in den Gesprächen ein hohes Maß an Transparenz und Ehrlichkeit. Es ist völlig normal, dass es Erwartungen geben kann, die eine Führungskraft nicht erfüllen kann oder nicht erfüllen möchte. Was sind die Beweggründe hinter der geäußerten Erwartung? Kann das Anliegen womöglich auf anderem Weg erfüllt werden? Kann ein Kompromiss ausgehandelt werden, der beide Perspektiven gut berücksichtigt? Neben diesen Ansätzen, können am Ende immer noch Erwartungen verbleiben, die einer Führungskraft unerfüllbar erscheinen – auch nicht in modifizierter Form. In diesem Fall empfehlen wir das klar zu benennen, zu begründen und um Verständnis zu werben. Bereits in der Einleitung des Gesprächs kann auf solche Situationen hingewiesen werden, um Erwartungsmanagement zu betreiben: „Es ist möglich, dass es auch Erwartungen gibt, die ich (leider) nicht erfüllen kann. Ich werde das offen ansprechen und auch begründen." Klare und transparente Kommunikation ist wichtig in der Führungsrolle. Eiern Sie als Führungskraft nicht herum,

sondern erläutern Sie transparent und klar, wenn Sie Erwartungen nicht erfüllen können oder wollen. Tappen Sie dabei nicht in die Falle das Thema zu verschieben oder vage Hoffnungen zu machen. Es schadet ihrer Beziehung zum Mitarbeiter, wenn Sie Raum für Hoffnungen lassen, die Sie dann doch nicht erfüllen können oder wollen.

Umgang mit *unvereinbaren* Sichtweisen
Was aber tun, wenn sich Anliegen von Mitarbeitern und Führungskraft diametral gegenüberstehen? Kompromisse wurden diskutiert, aber keine für beide Seiten passende Lösung gefunden. Die Sichtweisen bleiben unvereinbar. Nehmen wir weiterhin an, dass ohne eine Klärung die Zusammenarbeit nicht fortgesetzt werden kann. In solchen Fällen empfehlen wir eine außenstehende Person in der Rolle eines Mediators hinzuzuziehen. Ein Mediator kann dabei helfen, einen Klärungsprozess zu gestalten, der die unterschiedlichen Interessen integriert. Im besten Fall entstehen kreative Lösungsansätze, die Führungskraft und Mitarbeiter am Anfang nicht auf dem Schirm hatten.

Auch zeitlich begrenzte Testphasen können ein Ansatz sein. Kann testweise einmal für 3 Monate die eine und dann die andere Variante ausprobiert werden? Kann der Mitarbeiter mitgehen, wenn die Führungskraft aufgrund ihrer Führungsrolle die finale Entscheidung trifft und sich auf eine zeitlich begrenzte Testphase einlässt? Nach der Testphase kann die Situation gemeinsam neu bewertet werden.

Was aber tun, wenn diese Versuche scheitern? Gemeinsam sollte nun überlegt werden, ob mit anderen Führungskräften nicht eine bessere Passung herstellbar ist. Ein interner Wechsel kann dann ein guter Ansatzpunkt sein. Gegenseitige Ehrlichkeit und Klarheit helfen, um lange Hängepartien zu vermeiden, die für beide Seiten anstrengend sind.

Umgang mit *vagen und floskelhaften* Aussagen
Was tun, wenn ein Mitarbeiter im Gespräch sehr vage bleibt und sich nicht so recht äußern möchte. Gespräche zur Erwartungsklärung können aus unserer Sicht eine vertrauensbildende Maßnahme sein, setzen allerdings bereits ein gewisses Maß an Vertrauen voraus. Es ist völlig in Ordnung und normal, wenn dieses Vertrauen erst über mehrere Wochen oder auch Monate wachsen muss. Für Führungskräfte empfehlen wir mit der Haltung in die Gespräche zu gehen, dass es wunderbar

ist, wenn sich Mitarbeiter offen äußern. Begegnen Sie dieser Offenheit mit viel Dankbarkeit. Genauso ist es okay, wenn ein Mitarbeiter zum aktuellen Zeitpunkt noch wenig sagen kann oder möchte. Es ist sehr wichtig auch diesem Verhalten sehr wertschätzend zu begegnen. Gespräche zur Erwartungsklärung sind eine Einladung, die nicht angenommen werden muss. Wir empfehlen den Mitarbeiter nach einigen Wochen oder Monaten erneut auf seine Anliegen anzusprechen.

Echtes Interesse an den Teammitgliedern und ihrer Arbeit zeigen

3

Wie kann ich als neue Führungskraft echtes Interesse an meinen Mitarbeitern und ihrer Arbeit zeigen? Wie vermeide ich Oberflächlichkeit und Floskelhaftigkeit in meiner Kommunikation?

In diesem Kapitel stehen die genannten Fragen im Fokus. In Kapitel 2 haben wir Gespräche zur Erwartungsklärung vorgestellt, die ein wertvolles Instrument sein können, um echtes Interesse zu zeigen. In diesem Kapitel gehen wir nun auf weitere Möglichkeiten ein und vertiefen das Zeigen von echtem Interesse als wichtiges Wertschätzungssignal.

> **Übersicht über grundlegende Ansatzpunkte, um echtes Interesse zu zeigen**
>
> - In der alltäglichen Kommunikation offene Fragen stellen und aktiv zuhören
> - Sich mit dem Mitarbeiter an seinem Arbeitsplatz mit seiner täglichen Arbeit beschäftigen
> - Fundiert Dank und Anerkennung aussprechen als Signal, dass die Mitarbeiter mit ihren Beiträgen wahrgenommen werden

Echtes Interesse am Mitarbeiter ist eine wichtige Voraussetzung, damit Mitarbeiter sich respektiert fühlen (Van Quaquebeke & Eckloff, 2010). Erleben Mitarbeiter Respekt so geht dies mit einer Reihe an positiven Effekten einher: mehr Arbeitszufriedenheit (Van Quaquebeke & Eckloff, 2010), weniger krankheitsbedingte Fehlzeiten (Prümper & Becker, 2011), geringere Fluktuationswahrscheinlichkeit (Ng, 2016).

© Der/die Autor(en), exklusiv lizenziert durch Springer Fachmedien Wiesbaden GmbH, ein Teil von Springer Nature 2021
A. Häfner und S. Hofmann, *Die ersten 100 Tage als Führungskraft erfolgreich bewältigen*, essentials, https://doi.org/10.1007/978-3-658-35977-5_3

3.1   Offene Fragen stellen und aktiv zuhören

Führungskräfte müssen andere von ihren Ideen überzeugen, Besprechungen moderieren oder Präsentationen halten. Oft kommt ihnen in Kommunikationssituationen eine sehr aktive Rolle zu. In Auswahlverfahren für Führungspositionen, z. B. in Assessment Centern, finden sich häufig Übungen, in denen die Kandidaten etwas präsentieren müssen oder beobachtet wird, wie stark sie in Gruppensituationen eine aktive Rolle übernehmen (z. B. sich stark zu Wort melden, neue Ideen einbringen, die Ergebnispräsentation übernehmen). Genauso wichtig wie diese Aspekte aktiver Kommunikation ist für die Führungspraxis aufmerksames Zuhören. Dies mag Führungskräften schwerfallen, die es (aus guten Gründen) gewohnt sind in ihrer Kommunikation sehr aktiv zu sein. Das kann bedeuten, dass das Stellen offener Fragen und, damit verknüpft, aktives Zuhören erst gelernt und eingeübt werden müssen. Fähigkeiten, die auf dem Weg in die Führungsposition hilfreich waren (z. B. in Teambesprechungen durch viele gute Beiträge auffallen, seine Ideen mit einflussreichen Führungskräften teilen), müssen womöglich durch andere Kompetenzen erst noch ergänzt werden, die auf dem Weg zur Führungskraft weniger im Fokus standen oder sogar hinderlich waren (z. B. gut zuhören können). Mit Blick auf unsere praktischen Erfahrungen wissen wir: Es lohnt sich!

Wenn Mitarbeiter von ihren Führungskräften unterbrochen werden, wenn die Führungskräfte sich während des Gesprächs mit anderen Themen beschäftigen, wenn die Führungskräfte nicht an Gesagtes anknüpfen, dann werden das die Mitarbeiter als Geringschätzung wahrnehmen (Van Quaquebeke & Felps, 2018). Solche Bedrohungen des Selbstwertes können Stresserleben auslösen (Semmer et al., 2019).

Wenn es gelingt, dass Mitarbeiter ihre Meinung offen sagen und Verbesserungsvorschläge aktiv einbringen, dann sind vielfältige positive Effekte für die Organisation wahrscheinlich, zum Beispiel auf Kreativitätsleistungen und die Umsetzung neuer Ideen (Ng & Feldman, 2011). Mitarbeiter werden insbesondere dann ihre Ideen einbringen, wenn sie eine positive Beziehung zu ihrer Führungskraft erleben (Duan et al., 2019). Offene Fragen (z. B. Was ist deine Meinung zu diesem Thema? Wie kann ich dich bei dieser Aufgabe unterstützen?) und interessiertes Zuhören können ein wichtiger Beitrag zum Aufbau einer solchen positiven Beziehung sein. Nachfolgend benennen wir konkreter was wir unter aktivem Zuhören verstehen.

Übersicht über wichtige Facetten aktiven Zuhörens

- Dem Gesprächspartner nach dem Stellen von (offenen) Fragen Zeit zur Beantwortung geben und nicht mögliche Antworten selbst vorwegnehmen
- Dem Gesprächspartner so lange aufmerksam zuhören, bis er die Frage beantwortet hat und nicht unterbrechen
- In der Körpersprache Interesse signalisieren (z. B. Blickzuwendung, Anlächeln) und die eigene Aufmerksamkeit nicht auf anderes ausrichten (z. B. auf das Smartphone)
- Den Gesprächspartner zum Weiterreden ermuntern (z. B. durch Aussagen wie: „interessant", „finde ich spannend") und nicht als Führungskraft am meisten reden
- Auf das Gesagte mit anknüpfenden Nachfragen reagieren und nicht in erster Linie in den eigenen Gedanken hängen bleiben
- Das Gehörte zusammenfassen und so das Verständnis prüfen und nicht annehmen schon zu wissen, was der Mitarbeiter sagen möchte
- Im weiteren Gesprächsverlauf auf die eingebrachten Inhalte des Mitarbeiters eingehen und nicht nur die eigenen Themen setzen

In der Praxis kann es viele Anlässe für offene Fragen und aktives Zuhören geben. Dies gilt insbesondere für neue Führungskräfte: das Einholen von Feedback nach der ersten Teambesprechung oder die Durchführung einer Retrospektive nach dem ersten gemeinsamen Projekt sind Beispiele. „Dafür habe ich keine Zeit. Das dauert mir viel zu lang." Wenn Ihnen diese Gedanken durch den Kopf gehen, dann möchten wir noch auf eine mögliche Kommunikationsfalle für Führungskräfte hinweisen. Die Falle besteht darin, sich keine Zeit für offene Fragen und aktives Zuhören zu nehmen und gleichzeitig den Mitarbeitern ausufernde Monologe zu halten, die womöglich mehr langweilen als konkreten Nutzen zu stiften. Tappen Sie nicht in diese Falle!

Übersicht über mögliche Anlässe und Beispiele für offene Fragen

- Ein Mitarbeiter kommt mit einem fachlichen Anliegen zu Ihnen:
  - Wie möchtest du das Thema angehen?
  - Wie bist du bei ähnlichen Fällen in der Vergangenheit vorgegangen?

- Was ist aus deiner Sicht zu bedenken?
- Mitarbeiter und Führungskraft haben eine terminierte Regelabstimmung (z. B. im wöchentlichen Rhythmus):
  - Welche Themen hast du mitgebracht?
  - Wie kommst du bei deinen Projekten voran?
  - Wie erlebst du im Moment deine Arbeitsauslastung?
  - Mich beschäftigt gerade das folgende Projekt ... Was ist deine Meinung dazu? Was rätst du mir, wie ich da vorgehen könnte?
  - Wie erholsam war dein letztes Wochenende?
  - Wie klappt es bei deinen Kindern in der Schule?
- Die Führungskraft unterhält sich nach der Teambesprechung noch mit einem Mitarbeiter:
  - Wie hast du unsere Teambesprechung erlebt?
  - Wie hätten wir aus deiner Sicht effizienter sein können?
  - Bei unserem ersten Thema war ich mir nicht sicher, ob sich das gut für eine Teambesprechung eignet. Wie siehst du das?
- Die Führungskraft begegnet einem Mitarbeiter in der Kaffeeküche:
  - Wie läuft dein Tag?
  - Wie kommst du heute vorwärts?
  - Wie läuft es bei deinem Fußballverein?
  - Was macht dein Sportprogramm?
  - Was macht euer Hausbau?

Offene Fragen können sich nicht nur auf die Arbeit des Mitarbeiters beziehen, sondern auch zu privaten Themen gestellt werden. Wir empfehlen den Mitarbeiter nicht allein in seiner Rolle als Arbeitskraft zu sehen, sondern sich auch für die private Seite zu interessieren. Durch Aktivitäten wie gemeinsame Mittagessen und Kaffeepausen, durch Teamausflüge und Teamessen kann ein Rahmen für privaten Austausch geschaffen werden. Dabei muss akzeptiert werden, wenn Mitarbeiter mit ihrer Führungskraft nicht über private Themen sprechen möchten. Echtes Interesse bedeutet für uns an dieser Stelle auch ein hohes Maß an Sensibilität, inwieweit ein Mitarbeiter sich von seiner privaten Seite zeigen möchte.

▶ **Tipp** Achten Sie sorgsam auf Ihre Kommunikation. In kleinen Schritten können Verbesserungen angegangen werden, zum Beispiel jedem Mitarbeiter gegen Ende einer Abstimmung noch eine offene Frage stellen: Was ist dir noch wichtig? Was sollten wir heute in unserer Abstimmung noch klären?

3.2 Mit dem Mitarbeiter an seinem Arbeitsplatz arbeiten

Was leistet mein Mitarbeiter alles an seinem Arbeitsplatz? Mit welchen Herausforderungen hat mein Mitarbeiter zu kämpfen? Was braucht mein Mitarbeiter, um noch besser arbeiten zu können?

Wir empfehlen in regelmäßigen Abständen gemeinsame Arbeitszeit am Arbeitsplatz des Mitarbeiters zu verbringen. Ganz konkret kann das je nach Arbeitsbereich bedeuten, dass sich die Führungskraft einmal für einen halben Tag mit an den Schreibtisch ihres Mitarbeiters setzt, gemeinsam mit ihrem Mitarbeiter an der Maschine arbeitet, gemeinsam mit dem Mitarbeiter Kunden oder Lieferanten besucht etc. Es geht darum, dass die Führungskraft einen möglichst authentischen Eindruck von der Arbeit ihres Mitarbeiters bekommt. Das Telefon sollte dabei nicht umgestellt und potentielle Störungen nicht vermieden werden, damit die Führungskraft einen möglichst normalen Arbeitstag miterleben kann.

> **Tipp** Zeigen Sie bei solchen gemeinsamen Arbeitsphasen Ihr Interesse an der Arbeit des Mitarbeiters: „Mich interessiert, was alles zu deinen Aufgaben gehört. Ich möchte wissen, wo dir der Schuh drückt. Ich möchte mir gemeinsam mit dir Gedanken machen, wie Arbeitsprozesse verbessert werden können. Mich interessiert, wie ich dir womöglich helfen kann. Mich interessiert, was ich von dir lernen kann."

Bei Mitarbeitern, die dieses Format noch nicht kennen, kann es auf Skepsis stoßen: Glaubt meine Führungskraft, dass ich meine Arbeit nicht richtig mache? Will sie meine Freiheiten einschränken? Will sie mir Druck machen? Solche und andere Bedenken können aufkommen. Mit der Anwendung dieses Tools sind also durchaus Risiken verbunden. Wir halten deshalb eine gute Vorbereitung solcher Termine für sehr wichtig. Den Mitarbeitern sollte gut erklärt werden, um was es Ihnen als Führungskraft geht und wie sie sich vorbereiten können.

Fragen, die Führungskräfte an ihre Mitarbeiter zur Vorbereitung geben können

- Gibt es Arbeitsprozesse, die du einmal mit mir kritisch durchleuchten möchtest?
- Gibt es Aufgaben, bei denen ein gemeinsames Brainstorming für dich hilfreich sein könnte?

- Gibt es Aufgaben oder Arbeitsschritte, die du als unnötig oder unpassend mit Blick auf Aufwand und Nutzen erlebst?
- Was stört dich mit Blick auf deine Arbeitsbedingungen? Gibt es da etwas, was ich mitbekommen sollte?
- Bei welchen Kunden- oder Lieferantenterminen könnte es einen Mehrwert für dich stiften, wenn ich mit dabei bin?
- Bei welchen internen Terminen würdest du mich gerne mit einbinden?

Bei der Gestaltung einer solchen gemeinsamen Arbeitsphase sind viele Varianten möglichen. So kann die Führungskraft als stiller Beobachter hospitieren, während der Mitarbeiter seiner normalen Tätigkeit nachgeht, zum Beispiel Telefonaten mit Kunden. Die Führungskraft kann so einen authentischen Einblick in die Arbeitsbedingungen des Mitarbeiters gewinnen, kann auf Basis der Beobachtungen Feedback geben und beispielsweise gegen Ende des Arbeitstages Arbeitsprozesse mit Blick auf Effizienz und Effektivität mit dem Mitarbeiter reflektieren.

Wie durch die Vorbereitungsfragen angeregt, kann der Mitarbeiter allerdings auch gezielt Aufgaben auf diese gemeinsamen Arbeitstage legen, bei denen die Führungskraft aus seiner Sicht hilfreich sein kann, zum Beispiel als Unterstützung bei Gesprächen mit besonders anspruchsvollen Kunden oder um Anregungen für die Bearbeitung einer konkreten Aufgabe zu bekommen.

Grundsätzlich empfehlen wir, dass die Führungskraft sich im Kontakt mit anderen Gesprächspartnern (z. B. Kunden, Lieferanten, Mitarbeitern anderer Abteilungen) zurückhält, um klar zu signalisieren, dass der Mitarbeiter der Hauptansprechpartner ist und bleibt. Dennoch kann die Führungskraft unterstützend wirken. Wir empfehlen im Vorfeld abzustimmen, was sich der Mitarbeiter an Unterstützung wünscht.

Wichtig ist, dass es bei diesem Tool in erster Linie darum geht Interesse zu zeigen und realistische Eindrücke zu bekommen. Wer als Führungskraft seinen Mitarbeitern Anregungen geben möchte, ohne fundierte Einblicke in deren Arbeit zu haben, kann kaum damit rechnen, dass Vorschläge dankend aufgenommen werden. Eher sind ablehnende Reaktionen zu erwarten: „Meine Führungskraft weiß doch gar nicht, was hier abgeht. Meine Führungskraft kann das doch gar nicht einschätzen. Diese Ideen haben doch mit der Praxis gar nichts zu tun." Echtes Interesse schafft zudem eine fundierte Basis für Dank und Anerkennung (siehe Abschnitt 3.3).

Beispiel: Vorbereitung gemeinsamer Arbeitsphasen

Michaela möchte in den ersten 8 Wochen mit jedem ihrer Mitarbeiter zwei halbe Arbeitstage an deren Arbeitsplatz verbringen, um besser zu verstehen, was ihre Mitarbeiter täglich tun, was dabei anstrengend, verbesserungswürdig und vor allem auch anerkennenswert ist. Sie möchte Engagement, besonderes Fachwissen und gute Leistungen würdigen. Im Vorfeld hat sie gut überlegt, was sie mit ihren Mitarbeitern anschauen möchte und ihre Mitarbeiter darüber informiert. Folgende Punkte sind ihr wichtig:

- Einen konkreten Überblick über die jeweiligen Aufgabenpakete ihrer Mitarbeiter gewinnen
- Sich von ihren Mitarbeitern deren Selbstmanagement erklären lassen (z. B. Wie wird der Tagesablauf strukturiert? Wie werden Besprechungen vor- und nachbereitet? Wie werden längerfristige Aufgaben geplant?)
- Einen Eindruck vom normalen Tagesablauf bekommen (z. B. Wie viele Anrufe gehen ein? Wie sieht die Zusammenarbeit mit dem Auszubildenden aus?)
- Von ihren Mitarbeitern erfahren, was sie bei ihrer Arbeit behindert (z. B. vermeidbare Störungen)

So hat sich Michaela Gedanken zu ihren Anliegen gemacht und auch einige offene Fragen notiert, die sie gerne stellen möchte:

- Wie typisch ist dieser Vormittag für deinen Arbeitsalltag?
- Was passiert sonst häufig noch, was heute nicht vorgekommen ist?
- Wie organisierst du dich selbst?
- Wie gehst du bei der Bearbeitung deiner E-Mails vor?
- Welche Faktoren erschweren einen reibungslosen Ablauf deiner Arbeit?
- Was hält dich manchmal von deiner eigentlichen Arbeit ab? ◄

Im skizzierten Beispiel verknüpft Michaela das Tool der gemeinsamen Arbeitsphasen mit offenen Fragen, die sie gezielt stellen möchte. Dabei ist ihr wichtig, dass sie zunächst einen tiefen Einblick bekommt, bevor Sie Anregungen für Verbesserungen einbringt. Die Fragen signalisieren dem Mitarbeiter viel an Gestaltungsmöglichkeit. Es geht nicht darum, dass die Führungskraft die Arbeitsweise des Mitarbeiters umstrukturiert. Die Kontrolle bleibt im Wesentlichen beim Mitarbeiter. Die Möglichkeit aufgabenbezogene Entscheidungen treffen zu können (inklusive der Gestaltung der Arbeit und der Arbeitsweise) ist ein wichtiger

Einflussfaktor auf die Mitarbeitergesundheit (Häusser et al., 2010; Oxenstierna et al., 2005).

Solche gemeinsamen Arbeitsphasen können zudem eine gute Gelegenheit sein, um zu privaten Themen mit den Mitarbeitern ins Gespräch zu kommen. Auch dies kann hilfreich sein, um eine vertrauensvolle Beziehung aufzubauen: die Mitarbeiter spüren, dass sich ihre Führungskraft für sie als ganzen Menschen interessiert und sie nicht auf die Rolle der Arbeitskraft reduziert.

3.3   Fundiert Dank und Anerkennung aussprechen

In einer umfangreichen Studie mit etwa 28.000 Beschäftigten gaben etwas mehr als die Hälfte an, dass sie „selten" oder „nie" von ihren Führungskräften gelobt werden (Zok, 2011). Ein deutlicher Hinweis darauf, dass Führungskräfte diese Form der Wertschätzung noch stärker nutzen können. Dabei werden Dankbarkeit und Lob von Beschäftigten als sehr wertschätzend wahrgenommen (Stocker et al., 2014). Es gibt zahlreiche und sehr unterschiedliche Gründe sich zu bedanken, wobei die nachfolgende Übersicht als Anregung für mögliche Anlässe dienen soll. Wertvolle Impulse hierzu haben wir den Arbeiten von Ng (2016) sowie Brun und Dugas (2008) entnommen.

Übersicht über Gründe für Dank und Anerkennung durch Führungskräfte im Arbeitskontext

- Arbeitserfolge:
  - „Toll, dass es dir im letzten Halbjahr gelungen ist die vereinbarten Ziele zu erreichen. Da können wir bei allen 5 Zielen einen grünen Haken setzen."
  - „Danke für die hervorragende Präsentation heute Morgen. Vor allem die konkreten Beispiele und deine Grafiken fand ich sehr hilfreich."
- Verhalten bei der Arbeit:
  - „Danke, dass du unser neues Tool zur digitalen Signatur schon genutzt hast. Ich finde es toll, dass du Neues immer gleich ausprobierst."
  - „Ich finde es sehr vorbildlich, wie wertschätzend du mit unseren Auszubildenden umgehst. Ich denke da vor allem daran, dass du ihnen wichtige Aufgaben zutraust und sie nach ihrer Meinung fragst."

- Kreative Ideen:
  - „Vielen Dank für die guten Ideen, die du gestern in unserer Teambesprechung zu unserem neuen Projekt eingebracht hast. Vor allem deine Ideen zum Kundennutzen fand ich sehr wichtig."
  - „Vielen Dank für deine guten Ideen bei unserer gemeinsamen Arbeit heute Morgen. Ich finde wir haben gemeinsam einige gute Verbesserungen für unsere Arbeitsprozesse entwickeln können."
- Engagement über die Kernaufgaben hinaus:
  - „Danke, dass du gestern in der Teambesprechung deinen Kollegen deine Hilfe angeboten hast."
  - „Es freut mich sehr, dass du diese Aufgabe übernimmst, auch wenn sie nicht zu deinen eigentlichen Aufgaben gehört."

Im Tagesverlauf kann es immer wieder Anlässe geben sich bei seinen Mitarbeitern im Team zu bedanken. Es geht also nicht darum lediglich ein oder zwei Mal im Jahr im Rahmen eines offiziellen Mitarbeitergesprächs „Danke" zu sagen, sondern um die tägliche Zusammenarbeit. Da sollte die Dankbarkeit der Führungskraft für die Mitarbeiter immer wieder erlebbar sein.

▶ **Tipp** Bedanken Sie sich möglichst konkret: Was hat ein Mitarbeiter Tolles gemacht? Sagen Sie, wofür Sie sich konkret bedanken.

Immer wieder wird in der Praxis von der Vorbildfunktion der Führungskräfte gesprochen. Durch ihr Verhalten wirken Führungskräfte auf das Verhalten der Geführten. Die Mitarbeiter leiten aus dem Verhalten ihrer Führungskraft Standards für ihr eigenes Verhalten ab. Diese Überlegungen sind wesentlich für die Gestaltung eines wertschätzenden Umgangs im Team. Führungskräfte können unter anderem durch die Kommunikation von Dank und Anerkennung als Vorbild in ihrem Team wirken und so Standards für ein wertschätzendes Miteinander setzen.

Dank und Anerkennung kann jedoch nicht nur in der Kommunikation zwischen Führungskraft und Mitarbeiter zum Ausdruck gebracht werden. Vielmehr gibt es eine ganze Reihe weiterer Möglichkeiten, den Mitarbeitern Dank und Anerkennung zu signalisieren.

Übersicht über Möglichkeiten Dank und Anerkennung auszudrücken

- Die Mitarbeiter eine Aufgabe möglichst eigenverantwortlich bearbeiten lassen, so dass für sie erkennbar wird, dass sie die Aufgabe alleine geschafft haben und der Erfolg ihr Verdienst ist
- Die Mitarbeiter die Ergebnisse ihrer Arbeit vor Führungsgremien oder höheren Führungskräften präsentieren lassen, damit sie mit ihrer Arbeit sichtbar werden und der Dank höherer Führungsebenen direkt bei ihnen ankommen kann
- Sich bei Mitarbeitern nicht nur im persönlichen Gespräch bedanken, sondern auch öffentlich im Team oder nach außen gegenüber anderen Personen (z. B. gegenüber anderen Führungskräften)
- Arbeitserfolge, Beförderungen und Auszeichnungen eines Mitarbeiters gemeinsam im Team feiern

Vom ersten Tag an verbindlich und verlässlich handeln

Kann ich mich auf meine Führungskraft verlassen? Wie verbindlich kann ich mit meiner Führungskraft zusammenarbeiten?

Stellen wir uns einen Mitarbeiter vor, der erlebt, dass seine Führungskraft in einer Abstimmung verspricht sich um etwas zu kümmern und der Mitarbeiter weiß mit Blick auf seine bisherigen Erfahrungen, dass die Führungskraft nichts tun wird. Der Mitarbeiter hat schon oft erlebt, dass seine Führungskraft etwas zugesagt und sich dann doch nicht darum gekümmert hat. Stellen wir uns vor, dass ein Mitarbeiter dringend auf Feedback von seiner Führungskraft wartet, um an einer Aufgabe weiterarbeiten zu können. Die Zeit drängt. Vier oder fünf Mal wird der Mitarbeiter seine Führungskraft daran erinnern müssen, bis er schließlich mit viel Zeitverzögerung eine Rückmeldung bekommt.

Es braucht nicht viel Fantasie, um sich auszumalen, dass die betroffenen Mitarbeiter dies alles als anstrengend und demotivierend erleben. Ist das Vertrauen in die Verlässlichkeit und Verbindlichkeit einer Führungskraft erst einmal verspielt, wird es sich kaum mehr oder nur mit viel Aufwand wiederherstellen lassen

Abbildung 4.1 verdeutlicht wesentliche Aspekte, die wir unter Verbindlichkeit und Verlässlichkeit verstehen. Nachfolgend gehen wir auf einzelne Facetten näher ein.

4.1 Die Führungskraft als Vorbild in Sachen Pünktlichkeit

Warum greifen wir einen so spezifischen Punkt auf? Ist der Punkt nicht trivial? Womöglich wirkt *Pünktlichkeit* auch etwas aus der Zeit gefallen in unserer agilen Arbeitswelt. Bei Pünktlichkeit geht es uns darum, als Führungskraft rechtzeitig

A. Häfner und S. Hofmann, *Die ersten 100 Tage als Führungskraft erfolgreich bewältigen*, essentials, https://doi.org/10.1007/978-3-658-35977-5_4

Abb. 4.1 Facetten von Verbindlichkeit und Verlässlichkeit

bei Besprechungen zu sein und vereinbarte Termine (z. B. für eine Rückmeldung an Mitarbeiter) einzuhalten.

Bittet beispielsweise ein Mitarbeiter um Feedback zu einem Thema per E-Mail, dann ist es gut, wenn die Führungskraft möglichst am gleichen Tag eine Rückmeldung gibt, bis wann mit einem Feedback zu rechnen ist, falls sie nicht unmittelbar Feedback geben kann. Wenn der Mitarbeiter weiß, bis wann das Feedback bei ihm ankommt, werden die meisten Mitarbeiter damit gut umgehen können. Wurde vereinbart, dass eine Führungskraft eine Aufgabe bis zu einem bestimmten Termin bearbeitet, so sollte sie diesen Termin verbindlich einhalten. Warum ist uns das Thema so wichtig? Durch ihr Verhalten setzen Führungskräfte einen Standard für ihr Team: Ist es wichtig seine Aufgaben fristgerecht zu erledigen? Ist es okay zu einer Besprechung (ohne Entschuldigung) 10 Minuten zu spät zu kommen? Ist es vertretbar auf eine E-Mail mit einem konkreten Anliegen erst nach einer Erinnerung zu reagieren?

> **Tipp** Wer sich als Führungskraft ein leistungsstarkes Team mit gutem Teamklima schaffen möchte, sollte selbst die Verhaltensweisen zeigen, die er oder sie sich von ihren Mitarbeitern wünscht. Neben Pünktlichkeit gibt es viele weitere, vergleichsweise einfache Punkte, bei denen Führungskräfte als Vorbild wirken können: freundlicher Umgangston, anderen Hilfe anbieten, Neues ausprobieren, sich in Abstimmungen Notizen für die Nachbereitung machen, respektvoll über andere Abteilungen und Kunden sprechen etc.

Führungskräfte können der Verlockung erliegen sich aufgrund ihrer zahlreichen Aufgaben und vielfältigen Anforderungen (z. B. häufige Unterbrechungen), die es ohne Frage gibt, die ein oder andere Entschuldigung zur Gewohnheit zu machen: „Ich habe so viel zu tun, da rutschen mir immer wieder Sachen durch. Das lässt sich leider nicht vermeiden. Ich habe so viele Termine, die alle länger dauern. Da kann ich leider nicht pünktlich sein." Biegen Sie als Führungskraft bitte nicht auf diese Entschuldigungsstraße ein. Bei allem Verständnis für die besonderen Anforderungen, mit denen Führungskräfte umgehen müssen: die Folgen von Unpünktlichkeit können gravierend sein. Auf welcher Grundlage möchte eine unpünktliche Führungskraft die fristgerechte Bearbeitung von Aufgaben durch ihre Mitarbeiter einfordern?

Relevant sind auch die Effekte auf die Produktivität. Wenn Mitarbeiter wegen einer fehlenden Rückmeldung nicht weiterarbeiten können oder Zeit mit Warten verbringen, dann wird wertvolle Arbeitszeit verschwendet. Es ist ein Zeichen von betriebswirtschaftlicher Vernunft und von Verantwortung gegenüber dem Unternehmen mit der Zeit seiner Mitarbeiter sehr sorgsam umzugehen.

Selbstkritische Reflexion schafft Klarheit: Wie oft bin ich heute zu Abstimmungen zu spät gekommen (vor allem ohne Ankündigung)? Wem konnte ich heute zeitnah eine Rückmeldung geben und wem nicht? Bei wem habe ich heute Arbeitszeit verschwendet?

▶ **Tipp** Informieren Sie Ihre Mitarbeiter, sobald Sie absehen können,
dass Sie einen Besprechungstermin nicht einhalten können. Machen
Sie dies bereits bei wenigen Minuten Verzögerung. Klären Sie mit
Ihren Mitarbeitern bis wann diese ein Feedback zu einem bestimmten
Thema von Ihnen benötigen und halten Sie den ausgemachten Ziel-
termin ein oder gehen Sie rechtzeitig auf Ihre Mitarbeiter zu, falls Sie
den Termin nicht einhalten können. Wenn Sie notorisch zu spät sind:
Suchen Sie sich professionelle Hilfe zum Beispiel im Rahmen eines
Coachings.

4.2   Die Führungskraft als verlässlicher Kümmerer

Jeden Tag wenden sich Mitarbeiter mit Anliegen an ihre Führungskraft: ein
Mitarbeiter beantragt Urlaub, eine Mitarbeiterin braucht die Freigabe für die
Bestellung eines neuen Bildschirms, ein Mitarbeiter hat eine Frage zu seiner
Spesenabrechnung, eine Mitarbeiterin benötigt die Freigabe für die Überweisung
einer Rechnung, ein Mitarbeiter möchte seinen Beschäftigungsgrad verändern …
Wir haben bewusst Anliegen ausgewählt, die keinen oder nur einen geringen
Bezug zu konkreten Arbeitsthemen haben. Es geht dabei also nicht um Feedback
zu spannenden Arbeitsaufgaben, sondern es geht um Themen, die administra-
tiven Charakter haben. Mitunter werden solche Aufgaben von Führungskräften
als lästig erlebt. Allerdings sind sie wichtiger Teil der Führungsfunktion. Viele
Führungsfunktionen beinhalten auch Verwaltungsaufgaben. Mitarbeiter erwarten
zurecht, dass sich ihre Führungskraft verlässlich um diese vermeintlich kleinen Themen kümmert, wie auch um andere Anliegen, z. B. Feedback zu einer
Arbeitsaufgabe.

Beispiel: vermeintlich banale Führungsaufgaben

Michaela ist sich bewusst, dass es gerade für sie als Teamleiterin viele orga-
nisatorische Aufgaben gibt, um die sie sich kümmern muss. Gleich nach
jedem Teamleitermeeting gibt sie wichtige Informationen per E-Mail an ihr
Team weiter. Spesenabrechnungen, Urlaubsanträge, Gesprächsprotokolle etc.
bearbeitet sie am gleichen oder nächsten Tag. Sie möchte, dass solche Klei-
nigkeiten nicht zum Sand im Getriebe werden, weil ihre Mitarbeiter sich
beispielsweise solche Punkte auf Wiedervorlage nehmen müssen, um sie nach
zwei Wochen daran zu erinnern. Die organisatorischen Sachen müssen aus

ihrer Sicht rund laufen, damit ihre Mitarbeiter sich voll und ganz auf ihre eigentlichen Aufgaben konzentrieren können und nicht einem Urlaubsantrag oder einem Gesprächsprotokoll hinterhergehen müssen.◄

Das Kümmern um Anliegen der Mitarbeiter bezieht sich nicht nur auf administrative Aufgaben. Immer wieder ist eine Führungskraft in der Tagesarbeit als Kümmerer für ihr Team gefragt: mit Kollegen aus anderen Bereichen gibt es Irritationen und die Führungskraft wird als Ratgeber oder Vermittler benötigt, Teammitglieder wollen die Meinung ihrer Führungskraft zu einer schwierigen Entscheidung hören etc. Explizit wollen wir darauf hinweisen, dass wir die Führungskraft gerade nicht als Sammelstelle für alle Probleme im Team sehen. Gerade bei fachlichen Themen sollte die Führungskraft in erster Linie durch Fragen und Anregungen unterstützen und die eigentliche Aufgabenbearbeitung beim jeweiligen Teammitglied belassen. Allerdings gibt es eine Reihe von Aufgaben, um die sich eine Führungskraft konkret kümmern muss, weil sie originärer Teil der Führungsrolle sind (z. B. aufgrund von Unterschriftenregelungen) oder weil ihre Teammitglieder trotz starker Bemühungen nicht alleine weiterkommen (z. B. bei aufkommenden Konflikten mit einem anderen Bereich). Bei diesen Themen sollte sich eine Führungskraft als verlässlicher Kümmerer zeigen. Aus unserer Erfahrung wissen wir, dass der Aufwand und auch die Bedeutung solcher Themen von angehenden Führungskräften oft unterschätzt wird.

Auch hier kann Selbstreflexion beispielsweise am Ende einer Arbeitswoche hilfreich sein: Um welche Anliegen meiner Mitarbeiter habe ich mich in dieser Woche gekümmert? Was ist liegen geblieben und wann gehe ich es an?

4.3 Die Führungskraft als geradliniger Gesprächspartner

Mitarbeiter fordern in Jahresgesprächen ein höheres Gehalt, äußern Interesse an Entwicklungsmöglichkeiten oder fragen nach finanzieller Unterstützung für eine externe Weiterbildung. Als Führungskraft ist es wichtig in solchen Situationen keine falschen Versprechungen zu machen, sondern transparent und ehrlich zu kommunizieren. Wenn etwas unsicher oder unwahrscheinlich ist, dann sollte dies so dargestellt werden. Ist beispielsweise unklar, ob ein Mitarbeiter in der Fachlaufbahn den nächsten Karriereschritt wird gehen können, so muss dies transparent erläutert werden (z. B. Von welchen Kriterien hängt die Entscheidung ab? Wer ist an der Entscheidung beteiligt? Wie ist der zeitliche Fahrplan bis zur Entscheidung?). Unter Geradlinigkeit verstehen wir, dass bei solchen Themen nicht ausgewichen, nicht herumlaviert wird.

Gemachte Zusagen müssen eingehalten werden. Wird beispielsweise für die Erreichung eines bestimmten Ziels eine Prämie vereinbart, dann muss diese Prämie auch ausgeschüttet werden, wenn das Ziel erreicht wurde. Geradlinigkeit bedeutet dann, dass eine Führungskraft sich so verhält, wie sie es angekündigt hat. Wir raten dringend davon ab, bei Mitarbeitern Hoffnungen zu wecken (z. B. auf einen Karriereschritt, auf eine Leistungsprämie), wenn die erhoffte Anerkennung eher unwahrscheinlich ist. Wertschätzende Führung beinhaltet für uns ein hohes Maß an Ehrlichkeit. Auch wenn diese Ehrlichkeit möglicherweise im ersten Moment im Gespräch für Führungskraft und Mitarbeiter unangenehm ist.

▶   **Tipp** Vereinbarungen zu wichtigen Themen (z. B. zu Gehaltssteigerungen oder Beförderungen) sollten immer schriftlich festgehalten werden. Verbindlichkeit und Verlässlichkeit zeigt sich auch darin als Führungskraft getroffene Vereinbarungen für beide Gesprächspartner schriftlich festzuhalten und zu archivieren.

„Daran kann ich mich gar nicht erinnern. Haben wir wirklich darüber gesprochen? Das habe ich bestimmt nicht so gesagt … zumindest habe ich es anders gemeint." Solche Erinnerungslücken bei einer Führungskraft oder Verständnislücken zwischen Führungskraft und Mitarbeiter sind sehr problematisch. Dies gilt vor allem für Themen, die für den Mitarbeiter hohe Relevanz haben. Enttäuschte Erwartungen haben wir bereits in Kapitel 2 als wichtigen Kündigungsgrund beschrieben.

Beispiel: Verbindlichkeit im Führungsalltag

Michaela macht sich in jeder Abstimmung mit ihren Mitarbeitern Notizen in ihrem digitalen Notizbuch. Geht es um konkrete Vereinbarungen bei Themen wie zum Beispiel Weiterbildungswünschen, Änderungen im Beschäftigungsgrad, Gehaltsfragen etc. dann fasst sie die Gesprächsinhalte immer per E-Mail für sich selbst und den Mitarbeiter zusammen, damit beide den gleichen Informationsstand haben. Diese E-Mails werden in der Personalakte langfristig archiviert. Das Vorgehen ist für sie sehr effizient, weil sie die E-Mails schnell formuliert hat. Bei Telefonaten hält sie die Vereinbarungen gleich während des Gesprächs in einer E-Mail fest, die sie dem Mitarbeiter unmittelbar nach dem Gespräch sendet. Damit ist die Dokumentation schnell erledigt. Für Michaela ist auch wichtig, dass sie nicht bei verschiedenen Mitarbeitern beim gleichen Anliegen unter den gleichen Bedingungen eine Entscheidung einmal so und dann wieder anders trifft. Das ist für sie ebenfalls eine Frage von Geradlinigkeit. So kann beispielsweise jeder Mitarbeiter bei ihr pro Jahr bis zu 10 Tage Sonderurlaub für arbeitsrelevante, externe Weiterbildungen bekommen. Diese Entscheidungsregel wendet sie für alle ihre Mitarbeiter an.◄

Im Beispiel sprechen wir am Ende auch ein Fairnessthema an. Das Bemühen um Fairness ist in der Führungsfunktion sehr wichtig und hat unter anderem Effekte auf die Akzeptanz von Entscheidungen der Führungskräfte (z. B. Greenberg, 1990), auf die Arbeitszufriedenheit (z. B. Kovner et al., 2006) und auf die Gesundheit der Mitarbeiter (z. B. Zok, 2011).

4.4 Die Führungskraft als Rückhalt für ihr Team

Wie wird in einem Team damit umgegangen, wenn ein Mitarbeiter bei seiner Arbeit einen Fehler macht (z. B. einen Arbeitsschritt nicht wie vorgesehen ausführt)? Wie wird von der Führungskraft damit umgegangen, wenn sich die Entscheidung eines Mitarbeiters als Fehlentscheidung herausstellt? Wie verhält sich eine Führungskraft, wenn ihre Mitarbeiter von anderen außerhalb des Teams (z. B. von anderen Führungskräften) kritisiert oder wenn sie mit Erwartungen konfrontiert werden, die sie nicht erfüllen können?

Die Fragen verdeutlichen Situationen, in denen Teammitglieder den Rückhalt durch ihre Führungskraft besonders dringend benötigen. Für die Entwicklung einer vertrauensvollen Beziehung zwischen Mitarbeitern und Führungskraft ist es hilfreich, wenn sich die Mitarbeiter in solchen Situationen auf ihre Führungskraft verlassen können. Tauchen die ersten dieser Situationen für eine neue Führungskraft auf, so werden in diesen Situationen die Weichen für die Qualität der weiteren Zusammenarbeit wesentlich gestellt. Kann ich mich auf meine Führungskraft verlassen? Unterstützt sie mich, wenn es schwierig wird (z. B. bei massiver Kritik von außen)? In solchen Situationen kann eine Führungskraft viel an Akzeptanz gewinnen oder verlieren. Doch was bedeutet es nun konkret seinen Mitarbeitern in solchen Situationen Rückhalt zu geben?

Übersicht über Handlungsempfehlungen zur Unterstützung der Mitarbeiter in kritischen Situationen

- Ein Mitarbeiter weicht, ohne erkennbaren Grund, von Arbeitsstandards ab:
  - Aus einer Mücke keinen Elefanten machen, also als Führungskraft gut reflektieren, wie gravierend der Fehler tatsächlich ist. Manchmal stellen sich gemachte Fehler auf den zweiten Blick als irrelevant heraus.
  - Auftretende Fehler als eine Gelegenheit beschreiben, um persönlich etwas zu lernen und/oder an den Arbeitsprozessen und Arbeitsbedingungen etwas zu verändern
  - Gemeinsam mit dem Mitarbeiter reflektieren, wie das Auftreten des Fehlers in Zukunft vermieden werden kann
  - Dabei unterschiedliche Ansatzpunkte berücksichtigen:
    Fehlen dem Mitarbeiter Informationen oder Erklärungen?
    Sind Checklisten oder Arbeitsanleitungen nicht präzise genug?
    Kann dem Mitarbeiter ein Training weiterhelfen?
    Ist der Arbeitsprozess an sich fehleranfällig und kann dieser verbessert werden?
    Gibt es Arbeitsbedingungen, die das Auftreten von Fehlern begünstigen? Wie können diese verändert werden?
    Gibt es Faktoren (z. B. Konflikte im Team), die die Sorgfalt des Mitarbeiters negativ beeinflussen? Wie können diese verändert werden?
  - Miteinander klären, was aus der Situation für die Zukunft konkret abgeleitet werden kann
- Ein Mitarbeiter trifft eine Fehlentscheidung:
  - Sich immer bewusstmachen, auf welcher Grundlage ein Mitarbeiter seine Entscheidung getroffen hat:
    Hätte ich als Führungskraft wirklich anders entschieden?
    Wie nachvollziehbar ist die Entscheidung mit Blick auf den damaligen Informationsstand des Mitarbeiters?
  - Schlussfolgerungen für zukünftige Entscheidungen ziehen:
    Was braucht der Mitarbeiter, um in Zukunft bessere Entscheidungen treffen zu können (z. B. verbesserter Zugang zu Informationen)?
    Was benötigt der Mitarbeiter von mir als Führungskraft für seine Entscheidungen (z. B. mehr Klarheit zu unseren Teamzielen)?

- Ein Mitarbeiter wird für seine Arbeit von anderen kritisiert (z. B. von anderen Führungskräften) oder sieht sich mit unerfüllbaren Erwartungen konfrontiert:
  - Den Mitarbeiter beraten, wie er mit der Kritik umgehen kann (z. B. durch Empfehlungen, wie er ein Gespräch mit dem Feedbackgeber führen kann)
  - Mit dem Mitarbeiter besprechen, welche wertvollen Anregungen möglicherweise in der Kritik stecken
  - Mit dem Mitarbeiter klären, wie mit den als unerfüllbar erlebten Erwartungen umgegangen werden kann (z. B. Vorschläge unterbreiten, was dem Mitarbeiter realisierbar erscheint)

In den beschriebenen Situationen kann bei Führungskräften der Impuls aufkommen das Thema für den Mitarbeiter klären zu wollen. Also: die Führungskraft nimmt dem Mitarbeiter zukünftig Entscheidungen ab oder die Führungskraft geht bei Kritik und unerfüllbaren Erwartungen auf die anderen Personen zu. Wir empfehlen sehr, dies möglichst zu vermeiden, sondern dem Mitarbeiter Hilfe zur Selbsthilfe zu geben. Geben Sie dem Mitarbeiter Anregungen, die es ihm ermöglichen, die Situation eigenverantwortlich aufzulösen.

Es kann Situationen geben, in denen Mitarbeiter und Führungskraft gemeinsam zur Entscheidung kommen, dass es zielführender ist, wenn die Führungskraft sich um die Klärung der Situation kümmert oder dies gemeinsam erfolgt. Dies muss gut abgestimmt werden: Würde die Klärung der Situation den Mitarbeiter überfordern? Sind die Chancen auf eine Klärung durch den Mitarbeiter gering? Ist die Führungskraft in einer kritischen Situation direkt mit dabei, dann empfehlen wir, dass die Führungskraft ihrem Mitarbeiter den Rücken stärkt und gleichzeitig nach Möglichkeiten zur Deeskalation sucht.

Wichtig ist, was eine Führungskraft in solchen Situationen verbal und nonverbal vermittelt. Die Aussage „Ich hätte die Entscheidung genauso getroffen. Hinterher ist man immer schlauer." hat auf den Selbstwert eines Mitarbeiters eine ganz andere Wirkung als die Aussage „Wenn du mich gefragt hättest, dann hätte ich dir gleich gesagt, dass das so nicht funktioniert. Ich hätte das wahrscheinlich noch retten können." Fehler zu machen, von außen kritisiert zu werden, sich mit Erwartungen konfrontiert zu sehen, die man nicht erfüllen kann, sind Situationen, die den Selbstwert eines Mitarbeiters stark bedrohen können (Semmer et al.,

2019). Durch ihr Verhalten kann die direkte Führungskraft die Selbstwertbedrohung dieser Situationen noch verstärken oder abmildern. Nachfolgend geben wir noch einige Anregungen für Formulierungen:

„Ja, ich kenne diesen Kunden und weiß sehr gut, dass seine Erwartungen an uns sehr, sehr hoch sind. Lass uns gemeinsam überlegen, wie wir damit umgehen können."

„Ich erinnere mich, dass ich bei dieser Aufgabe schon ähnliche Fehler gemacht habe. Diese Aufgabe kommt einfach selten vor und dann macht man leicht einen Fehler. Lass uns gemeinsam unsere Checkliste durchgehen und das besser beschreiben."

„Fehler können passieren. Das ist völlig normal. Ich finde es richtig gut, dass du das unmittelbar angesprochen und auch schon überlegt hast, wie du den Fehler wieder beheben kannst. Nochmal: Fehler dürfen passieren und gehören mit dazu. Wichtig ist, etwas daraus zu lernen."

„Ich empfehle dir, auf diese kritische E-Mail nicht schriftlich zu reagieren, sondern den Kollegen direkt anzurufen. Ich habe die Erfahrung gemacht, dass eine schriftliche Antwort in solchen Fällen eher zur Eskalation beiträgt, während sich im persönlichen Gespräch leichter eine Lösung finden lässt. Ich bin zuversichtlich, dass du das gut klären kannst. Im persönlichen Gespräch stellen sich die Dinge oft etwas anders dar."

Die Basis für eine gute Zusammenarbeit innerhalb des Teams schaffen

5

Was gelingt gut in der Zusammenarbeit innerhalb des Teams? Bei welchen Aspekten der Zusammenarbeit wünschen sich Kollegen Veränderungen? Was ist der Führungskraft für die Zusammenarbeit im Team wichtig?

Wir beschreiben zunächst die Durchführung eines Kick-Off-Workshops, um Anliegen zur Zusammenarbeit innerhalb des Teams gut klären zu können. Anschließend geben wir einen Überblick über einige grundlegende Aspekte, die für die Gestaltung gelingender Zusammenarbeit innerhalb eines Teams wesentlich sind.

5.1 Kick-Off-Workshop zur Zusammenarbeit im Team

In diesem Workshop geht es um die Frage, wie sich die Kollegen im Team ihre Zusammenarbeit untereinander vorstellen und was der Führungskraft dabei wichtig ist. Alle im Team haben dabei die Möglichkeit ihre Anliegen einzubringen und mit den anderen zu klären, um so eine gute Basis für die weitere Zusammenarbeit zu schaffen. Neben diesem inhaltlichen Teil kann so ein Workshop gut mit einer Teamaktivität verbunden werden (z. B. einer Wanderung, einem Squash-Turnier, einem Parcours im Hochseilgarten). Auch ein gemeinsames Frühstück, Mittag- und Abendessen können ein wertvoller Teil des Workshops sein, um vor allem Raum für private Gespräche zu schaffen.

> ▶ **Tipp** Nehmen Sie sich für den Workshop mindestens einen halben Tag Zeit. Besser noch wäre ein halber Tag für den inhaltlichen Teil und ein halber Tag für eine Teamaktivität.

© Der/die Autor(en), exklusiv lizenziert durch Springer Fachmedien
Wiesbaden GmbH, ein Teil von Springer Nature 2021
A. Häfner und S. Hofmann, *Die ersten 100 Tage als Führungskraft erfolgreich bewältigen*, essentials, https://doi.org/10.1007/978-3-658-35977-5_5

Ein solcher Kick-Off-Workshop kann von der Führungskraft oder von einem Teammitglied moderiert werden. Wenn eine neutrale Person von außen den Workshop als Moderator begleitet, dann bietet das den Vorteil, dass sich alle (inklusive der Führungskraft) in gleicher Weise als Workshop-Teilnehmer einbringen können. Der Moderator trägt dann die Verantwortung für die Gestaltung des Prozesses, während sich alle anderen auf die Inhalte konzentrieren können. Anhand verschiedener Fragen können sich die Teammitglieder auf den Workshop vorbereiten. Im Workshop selbst können dann die Ideen zu den einzelnen Fragen auf Moderationskarten notiert, an der Pinnwand Cluster gebildet und die Punkte anschließend diskutiert werden. Kommen sehr viele Ideen auf, so sind möglicherweise Prioritäten zu setzen. Zu jedem behandelten Thema sollte eine Vereinbarung getroffen werden: Worauf haben wir uns geeinigt? Was machen wir konkret bei diesem Punkt? Wir geben einen Überblick zu möglichen Themenbereichen des Kick-Off-Workshops und passende Fragen dazu. Die Fragen sind als Auswahl gedacht. Wir empfehlen im Workshop mit einigen wenigen Fragen zu arbeiten.

Übersicht zu möglichen Themen im Kick-Off-Workshop und passende Fragen dazu

- Auf die Punkte schauen, die in der Zusammenarbeit gut klappen:
  - Was sollte in unserer Zusammenarbeit unbedingt beibehalten werden?
  - Was bekommen wir in der Zusammenarbeit richtig gut hin?
  - Was trägt dazu bei, dass ich mich in der Zusammenarbeit wohlfühle?
  - Welche Krisen haben wir schon zusammen bewältigt und wie ist uns das gelungen?
  - Was könnten sich andere mit Blick auf die Zusammenarbeit bei uns abschauen?
- Wünsche für die Gestaltung der Zusammenarbeit einbringen:
  - Was wünsche ich mir noch für die Gestaltung unserer Zusammenarbeit?
  - Was bräuchte ich noch in der Zusammenarbeit, um besser arbeiten zu können/mich wohler zu fühlen?
  - Was könnten wir noch tun, damit unsere gute Zusammenarbeit noch ein Stück besser wird?
- Mögliche Beiträge vorschlagen:

> – Was kann ich beitragen, um die Zusammenarbeit noch ein Stück zu
> verbessern?
> – Was würde ich gerne einmal ausprobieren?
> • Vereinbarungen treffen:
> – Bei welchen Wünschen möchten und können wir als Team etwas
> verändern?
> – Wie gehen wir das konkret an?
> – Woran merken wir, dass wir mit unseren Bemühungen erfolgreich
> sind?
> – Wann wollen wir reflektieren, was wir geschafft haben?

Ein möglicher Ablauf kann nun so aussehen, dass zunächst alle Teammitglieder ihre Gedanken zum ersten Themenblock vorstellen und auf einer Pinnwand sortieren. Es wird deutlich, was in der Zusammenarbeit alles gut gelingt und beibehalten werden sollte. Die Führungskraft kann diese Punkte würdigen. Außerdem können sich darin Ressourcen finden, die bei der Gestaltung von Verbesserungen hilfreich sind.

In einem zweiten Schritt stellen nun alle Teammitglieder ihre Wünsche vor und gerne auch im gleichen Schritt ihre potentiellen Beiträge, die sie selbst zur Verbesserung der Zusammenarbeit einbringen möchten. Gerade diese Frage erscheint uns sehr wichtig, damit deutlich wird, dass die Verbesserung der Zusammenarbeit in der Regel Beiträge von allen Teammitgliedern braucht. Im letzten Schritt werden die einzelnen Wünsche und Beiträge ausführlich diskutiert und Vereinbarungen dazu getroffen, die schriftlich festgehalten werden.

Beispiel: Kick-Off Workshop

Nach den ersten 8 Wochen führt Michaela mit ihrem Team einen Kick-Off-Workshop durch. Mittlerweile sind ihr einige Punkte aufgefallen, die in der Zusammenarbeit richtig gut funktionieren und auch einige Punkte, bei denen sie sich eine Veränderung wünscht. Eine Woche vor dem Workshop bekommen alle Teammitglieder den geplanten Ablauf und die Fragen zur Vorbereitung. Für die Moderation gewinnt Michaela eine Kollegin aus der Personalentwicklung. Alle Teammitglieder bringen sich mit vielen Ideen in den Workshop ein. Am Ende stehen einige sehr konkrete Vereinbarungen. So wollen sich die Teammitglieder untereinander Zugriff auf ihre Kalender geben, um bei Fragen von außen besser sagen zu können, ab wann ein Kollege voraussichtlich wieder erreichbar ist. Außerdem legen sie einen gemeinsamen Kalender an, in den Homeoffice-Tage eingetragen werden, weil es Michaela als Führungsraft wichtig ist, dass immer mindestens zwei Personen am Firmenstandort sind, um für Kollegen aus dem Unternehmen da zu sein, die persönlich vorbeikommen. Außerdem wollen die Teammitglieder einmal pro Woche gemeinsam als Team zum Mittagessen gehen. Den Aufbau der Teambesprechungen wollen sie so verändern, dass in Zukunft am Anfang erstmal jeder in 3 Minuten etwas zu seiner aktuellen Arbeitssituation sagen kann.◄

5.2   Weitere Tools für die Gestaltung der Zusammenarbeit im Team

Im Rahmen des skizzierten Kick-Off-Workshops können viele Punkte geklärt werden, die für die Zusammenarbeit im Team wesentlich sind. Es können individuelle Vorgehensweisen erarbeitet werden, die sich von Team zu Team unterscheiden. Gleichzeitig gibt es einige grundlegende Tools, die wir nachfolgend kurz beschreiben.

Teambesprechungen und andere Kommunikationsformate
Teambesprechungen können ein guter Rahmen sein, in dem Teammitglieder schildern, was sie gerade beschäftigt und wobei sie Unterstützung benötigen. Teammitglieder geben Informationen an ihre Kollegen weiter und holen sich Meinungen zu Arbeitsthemen ein. Womöglich gibt es einen kurzen Schulungspart, in dem ein Teammitglied sein Wissen und Können mit den anderen teilt. Einzel- und Teamleistungen können von der Führungskraft und untereinander gewürdigt werden. Zudem werden in Teambesprechungen gemeinsam Entscheidungen getroffen, zum Beispiel zur Verteilung neuer Aufgaben, zur Ableitung von Maßnahmen mit Blick auf die Teamziele, zur Einstellung eines neuen Teammitglieds oder zur Verbesserung von Arbeitsprozessen. Damit wird die Teambesprechung zu einem wichtigen Partizipationsinstrument. Wir verstehen Teambesprechungen als ein Format zur Förderung des Austausches untereinander, zum Teilen von Informationen, zum Erarbeiten von Lösungen und zum Treffen von Entscheidungen. Teambesprechungen heißen Teambesprechungen, weil das Team spricht. Wenn in erster Linie die Führungskraft Informationen weitergibt oder Aufgaben an die Teammitglieder verteilt, dann ist es keine Teambesprechung.

Retrospektiven, in denen gemeinsame Projekte reflektiert werden, können eine wertvolle Variante sein. In Retrospektiven zu einer gemeinsamen Arbeitsphase oder einem gemeinsamen Projekt können beispielsweise die folgenden Fragen genutzt werden: Was hat in der Zusammenarbeit gut geklappt? Wofür wollen wir uns bei anderen bedanken? Was haben wir alles gelernt? Was wollen wir beim nächsten Mal anders machen?

Neben den in der Regel wöchentlichen oder monatlichen Teambesprechungen findet Kommunikation im Team auf vielfältigen Wegen statt. Es kann sinnvoll sein, die Art der Kommunikation innerhalb des Teams genauer anzuschauen: Wie klar und präzise sind E-Mails formuliert? Wie sinnvoll werden Verteilerkreise gewählt? Wie passend ist die Wahl der Kommunikationskanäle (z. B. persönliches Gespräch, E-Mail, Chat, Sprachnachricht) für die Kommunikationsanliegen (z. B. Konflikt klären, komplexe Inhalte vermitteln, einen einfachen Sachverhalt klären, jemanden über etwas informieren)? Diese Thematik kann auch in einem Workshop innerhalb des Teams bearbeitet werden, in dem zum Beispiel typische Kommunikationsanliegen gesammelt werden und gemeinsam definiert wird, welche Kanäle dafür genutzt werden sollen und wie. In der Praxis haben sich auch regelmäßige Einzelabstimmungen (z. B. alle zwei Wochen) zwischen Führungskraft und Mitarbeiter zu diversen Punkten bewährt oder definierte Zeitfenster im Terminkalender der Führungskraft, die für Abstimmungen mit Teammitgliedern freigehalten werden. Diese Zeitfenster können dann entweder von den Teammitgliedern einige Tage vorher gebucht oder ganz spontan genutzt werden.

Klare Aufgabenverteilung und Vertretungsregelungen
Für die Teammitglieder ist es wichtig zu wissen, was alles zu ihren Aufgaben gehört, welche Entscheidungskompetenzen sie haben und bei welchen Themen andere Teammitglieder involviert werden müssen. Es kann zu Konflikten führen, wenn Teammitglieder sich von anderen übergangen fühlen oder nicht wissen, wer sich bei gemeinsamen Aufgaben, um welche Teilaufgaben kümmert. Auch Vertretungsregelungen sollten klar miteinander geklärt werden.

Teamaktivitäten
Freundschaftsnetzwerke sind ein wichtiger Einflussfaktor auf Arbeitszufriedenheit und Mitarbeiterbindung (Porter et al., 2019). Freundschaften entstehen insbesondere dann, wenn Mitarbeiter sich untereinander von einer privateren Seite kennenlernen können und Zeit für persönliche Gespräche und gemeinsame Erlebnisse haben. Teamaktivitäten wie beispielsweise Teamessen, gemeinsame Kaffeepausen oder Teamausflüge können dazu ein wichtiger Beitrag sein.

Konstruktive Feedbackkultur
Wie oft geben Sie als Führungskraft Feedback? Geben sich Kollegen untereinander Feedback? Wie wertschätzend wird Feedback gegeben? Wie hilfreich ist das

gegenseitige Feedback? Zum einen können Führungskräfte durch ihr eigenes Feedbackverhalten als Vorbild für eine konstruktive Feedbackkultur fungieren und zum anderen auch gezielt ihre Teammitglieder zu Peer-Feedback ermuntern. Feedback unter Kollegen kann beispielsweise anhand der folgenden Fragen gegeben werden: Bei welchen Punkten nehme ich dich als Vorbild für mich wahr? Was möchte ich mir gerne von dir abschauen? Welche Anregungen habe ich für dich auf Basis unserer Zusammenarbeit? Was würde ich mir noch von dir wünschen?

Führungskräfte sollten immer wieder einmal (z. B. alle zwei Monate im Rahmen einer Abstimmung) Feedback von ihren Mitarbeitern einfordern und dieses sehr ernst nehmen. Passende Fragen dazu können sein: Wie erlebst du im Moment unsere Zusammenarbeit? Was läuft gerade richtig gut bei uns im Team und was weniger gut? In welchen Situationen wünschst du dir mehr Unterstützung von mir? Es ist sehr zu würdigen, wenn Mitarbeiter offen Feedback geben und dabei auch heikle Punkte ansprechen. Anliegen und Unzufriedenheit können so frühzeitig erkannt und Maßnahmen ergriffen werden.

▶ **Tipp** Auch wenn manche Feedbackpunkte, die Ihnen von Ihren Teammitgliedern mitgeteilt werden, harter Tobak für Sie sein sollten, empfehlen wir sehr, sich für das Feedback zu bedanken und nicht in Verteidigungsreden einzusteigen. Wenn Sie durch Feedback auf eigene Fehler aufmerksam gemacht werden, dann ist es gerade vorbildlich sich als Führungskraft zu entschuldigen. Das mag schwerfallen, entfaltet allerdings eine starke Wirkung für die Gestaltung einer konstruktiven Feedbackkultur.

Beobachten und reflektieren 6

Was gelingt mir gut in meiner neuen Funktion als Führungskraft? Was bewirke ich mit meinem Führungsverhalten? Was habe ich bereits gelernt? Was läuft gut in unserem Team und was weniger?

Gute Führungskräfte sind in der Lage sich selbst und ihr Team zu beobachten und nehmen sich bewusst Zeit für Reflexion. Es geht darum mit offenen Augen und Ohren durch den Arbeitstag zu gehen. Wir empfehlen jeden Abend eine kurze Reflexion des Arbeitstages vorzunehmen und gerade als neue Führungskraft in regelmäßigen Abständen (z. B. einmal im Monat) Zeit im Kalender zum Nachdenken über die eigene Führungsarbeit einzuplanen. In der einfachsten Variante kann ich mich als Führungskraft fragen, was mir heute gut gelungen ist, was ich gelernt habe und was ich zukünftig anders machen möchte. Wir empfehlen einen besonderen Schwerpunkt auf den Lernaspekt zu legen. Gerade als neue Führungskraft bieten sich täglich neue Lerngelegenheiten (z. B. das erste Feedbackgespräch mit einem Mitarbeiter, der erste Konflikt im Team), die bewusst ausgewertet werden sollten. In der Reflexionszeit kann natürlich auch auf andere Aspekte der eigenen Führungsarbeit und der Arbeit des Teams geschaut werden.

Fragen zur Reflexion der eigenen Führungsarbeit

- Was habe ich mit meinem Verhalten heute Positives und Negatives bewirkt? Worauf stütze ich meine Einschätzung?
- In welchen Situationen war ich hilfreich für mein Team? In welchen ein Störfaktor, der die Arbeit behindert hat?
- In welchen Situationen haben womöglich persönliche Eitelkeiten mein Verhalten geprägt?
- Was kann ich in meiner Funktion noch für mein Team beitragen, beispielsweise für mehr Zufriedenheit, Motivation und Leistung?

© Der/die Autor(en), exklusiv lizenziert durch Springer Fachmedien   49
Wiesbaden GmbH, ein Teil von Springer Nature 2021
A. Häfner und S. Hofmann, *Die ersten 100 Tage als Führungskraft erfolgreich bewältigen*, essentials, https://doi.org/10.1007/978-3-658-35977-5_6

So hart es klingen mag: Als Führungskraft geht es darum, was wir mit unserem Führungsverhalten bewirken und nicht um unsere guten Absichten. Es ist irrelevant, ob wir beispielsweise glauben, dass wir wertschätzend führen und unseren Mitarbeitern mit guten Tipps weiterhelfen. Wichtig ist, was beim Empfänger ankommt. Wir müssen immer wieder kritisch prüfen, ob wir die gewünschten Effekte erzielen.

Noch härter formuliert: Wer sich als Führungskraft von leistungsschwachen Mitarbeitern umgeben sieht, die nur Dienst nach Vorschrift machen, muss sich die Frage gefallen lassen, wie er diese Situation als Führungskraft herbeigeführt hat und noch wichtiger, durch welches Führungsverhalten das Verhalten der Mitarbeiter nun in eine andere Richtung gelenkt wird.

Hilfreich für die kritische Betrachtung der eigenen Führungsarbeit ist neben Feedback durch die Mitarbeiter auch Feedback von der eigenen Führungskraft oder von Personen außerhalb des eigenen Teams sein. Die eigene Führungskraft kann zumindest in Ausschnitten wahrnehmen, wie ich mich als Führungskraft im Team verhalte, wie und welche Entscheidungen ich treffe, wie ich mein Team strukturiere, welche Schwerpunkte ich setze etc. Womöglich hat sie auch einen Eindruck dazu, wie die Teammitglieder auf mein Führungsverhalten reagieren und kann mir dazu Feedback geben. Personen außerhalb des Teams (z. B. andere Führungskräfte) haben möglicherweise ebenfalls hilfreiche Beobachtungen beizutragen. So kann die Selbstwahrnehmung durch verschiedene Fremdwahrnehmungen ergänzt und abgeglichen werden. Für den Lernprozess können dabei vor allem Sichtweisen hilfreich sein, die der eigenen Perspektive widersprechen.

Fragen zur Reflexion der Situation im Team

- Als wie zufrieden und motiviert nehme ich meine Mitarbeiter wahr?
- Was trägt zur Zufriedenheit und Motivation bei? Was behindert sie?
- Was gelingt uns als Team gut mit Blick auf unsere Ziele?
- Welche Arbeitsprozesse laufen nicht so rund? Was kann verbessert werden?
- Was läuft richtig gut und sollte keinesfalls verändert werden?
- Wie klappt die Zusammenarbeit im Team?
- Wie ist die Stimmung im Team?
- Bei welchen Aufgaben erfüllen Teammitglieder meine Erwartungen und bei welchen nicht? Wie gehe ich damit um?
- Wer im Team hegt möglicherweise Fluktuationsabsichten? Wie kann ich das ansprechen und was kann ich womöglich tun, um eine Fluktuation zu verhindern?

Dabei ist es aus unserer Sicht wichtig, dem Team eine Rückmeldung zu den eigenen Beobachtungen zu geben. Hierfür eignen sich Abstimmungen mit einzelnen Mitarbeitern und Teambesprechungen mit dem ganzen Team. Positive Beobachtungen sollten dabei gewürdigt werden, um Kollegen, die dieses Verhalten zeigen, zu ermuntern dies weiter zu tun. Genauso wichtig ist es auch, sich als (neue) Führungskraft nicht an Missstände über Wochen oder Monate hinweg zu gewöhnen, sondern dies unmittelbar anzusprechen. In den ersten Wochen einfach nur zu beobachten, halten wir für nicht zielführend. Wenn einer Führungskraft in der ersten Woche etwas kritisch auffällt, dann sollte das spätestens in der zweiten Woche angesprochen werden.

Beispiel: Beobachtungen ins Team kommunizieren

Michaela fällt auf, dass sich ihre Kolleginnen und Kollegen im Team gegenseitig Hilfe anbieten und alle sehr offen sind neue Aufgaben zu übernehmen. Michaela entschließt sich dazu, dieses Verhalten in einer Teambesprechung zu würdigen: „Mir ist aufgefallen, dass ihr euch gegenseitig stark unterstützt und dass alle im Team sehr offen gegenüber neuen Aufgaben sind. Das finde ich richtig toll! Behaltet euch das bitte so bei!"

Michaela nimmt jedoch auch wahr, dass im Team über Kunden immer wieder sehr abwertend gesprochen wird. Das ist nicht durchgängig der Fall, kommt ihr jedoch deutlich zu oft vor. Es kann dann beispielsweise passieren, dass das ganze Team über einen Vormittag hinweg alle paar Minuten über einen Kunden schimpft: „Was die schon wieder von uns wollen. Ständig beschweren die sich, dabei haben die doch ihren eigenen Laden nicht im Griff. Heute rufen bei uns nur Idioten an! Ständig kommt der gleiche Scheiß!"

Michaela will diesen Ton nicht akzeptieren und spricht das Thema ebenfalls in einer Teambesprechung an, weil sich an diesen kritischen Gesprächen alle Teammitglieder beteiligen: „Was mich hier in den ersten Tagen negativ überrascht hat, ist die Art und Weise, wie teilweise über unsere Kunden gesprochen wird. Das ist nicht immer der Fall, kommt mir allerdings deutlich zu häufig und vor allem zu lange vor. Ich habe Verständnis dafür, dass einen manche Kunden ganz schön anstrengen können. Und ja, manche Kunden behandeln einen auch schlecht. Trotzdem habe ich die Erfahrung gemacht, dass es für die Stimmung in einem Team schlecht ist, wenn einen halben Tag lang über die Kunden geschimpft wird. Das hilft niemandem weiter und wirkt sich auf lange Sicht negativ auf die Stimmung im Team und auch auf die Arbeit mit den Kunden aus. Ich habe nichts dagegen, wenn jemand mal kurz Dampf ablassen muss und sich über einen Kunden ärgert. Das ist völlig okay. Dann möchte ich allerdings, dass die Situation abgehakt wird und es wieder weitergeht. Wenn ich zukünftig den Eindruck habe, dass ihr euch negativ in etwas hineinsteigert, dann werde ich das direkt ansprechen. Mir ist wichtig, dass ihr meine Haltung zu dem Thema kennt und das so umsetzt. Wenn sich die Zusammenarbeit mit einem Kunden sehr schwierig gestaltet, dann kommt auf mich zu, damit wir gemeinsam überlegen, wie wir mit der Situation umgehen."◄

In solchen Gesprächen ist Klarheit wichtig. Wenn ich als Führungskraft ein bestimmtes Verhalten inakzeptabel finde, dann muss das klar ausgedrückt werden: „Dieses Verhalten akzeptiere ich nicht.", „So möchte ich das in meinem Team nicht haben." Dazu ist es wichtig aufzuzeigen, welches Verhalten ich konkret erwarte: „Wenn euch ein Kunde richtig anstrengt, dann kommt bitte auf mich zu."

Diese Klarheit kann anstrengend sein, ist allerdings wichtig. Unterstützung von anderen Führungskräften kann dabei helfen. Gerade neue Führungskräfte können aus unserer Sicht stark profitieren, wenn sie sich Kolleginnen und Kollegen auf gleicher Führungsebene, aber auch Mentoren auf höheren Ebenen suchen, um kritische Situationen zu besprechen und von Erfahrungen zu profitieren.

▶ **Tipp** Suchen Sie sich als neue Führungskraft von Anfang an Gesprächspartner (neben Ihrer eigenen Führungskraft), mit denen Sie sich gut austauschen können. Sicher gibt es Führungskräfte, über die Sie Positives gehört haben, die erkennbar mit ihrem Team sehr erfolgreich sind und wenig Fluktuation im Team haben. Suchen Sie den Kontakt zu diesen Führungskräften.

Was Sie aus diesem *essential* mitnehmen können

- Gerade für Führungskräfte, die neu ein Team übernehmen, ist es sehr wichtig, sich Klarheit zu den eigenen Erwartungen zu verschaffen und die Erwartungen mit den Mitarbeitern in beide Richtungen gut zu klären. Solche Klärungsprozesse schließen auch Erwartungen unter den Teammitgliedern mit ein, die zum Beispiel im Rahmen eines Kick-Off-Workshops bearbeitet werden können. Auch Gespräche mit der eigenen Führungskraft zur gegenseitigen Erwartungsklärung gehören mit dazu.
- Wertschätzende Führung schafft eine gute Basis für eine vertrauensvolle Zusammenarbeit zwischen der Führungskraft und den Mitarbeitern. Wertschätzende Führung bedeutet unter anderem das Zeigen von echtem Interesse an der Arbeit der Mitarbeiter, fundierte Anerkennung oder das Einholen von Meinungen der Mitarbeiter.
- Führungskräfte prägen als Vorbilder die Arbeitskultur in ihrem Team. Ob Verbindlichkeit oder wertschätzender Umgang: Führungskräfte setzen Standards für ihr Team.
- Das eigene Führungshandeln immer wieder zu reflektieren, die Effekte auf die Mitarbeiter gut im Blick zu haben und Feedback einzuholen (z. B. von anderen Führungskräften) sind wichtige Instrumente, um sich als Führungskraft weiterentwickeln zu können.

Literatur

Brun, J.-P., & Dugas, N. (2008). An analysis of employee recognition: Perspectives on human resources practices. *The International Journal of Human Resource Management.* https://doi.org/10.1080/09585190801953723

Duan, J., Lapointe, É., Xu, Y., & Brooks, S. (2019). Why do employees speak up? Examining the roles of LMX, perceived risk and perceived leader power in predicting voice behavior. *Journal of Managerial Psychology.* https://doi.org/10.1108/JMP-11-2018-0534

Felfe, J. (2009). *Mitarbeiterführung.* Hogrefe.

Ferreira, A. I., Martinez, L. F., Lamelas, J. P., & Rodrigues, R. I. (2017). Mediation of job embeddedness and satisfaction in the relationship between task characteristics and turnover: A multilevel study in Portuguese hotels. *International Journal of Contemporary Hospitality Management.* https://doi.org/10.1108/IJCHM-03-2015-0126

Greenberg, J. (1990). Organizational justice: Yesterday, today, and tomorrow. *Journal of Management.* https://doi.org/10.1177/014920639001600208

Häusser, J. A., Mojzisch, A., Niesel, M., & Schulz-Hardt, S. (2010). Ten years on: A review of recent research on the Job Demand-Control (-Support) model and psychological well-being. *Work & Stress.* https://doi.org/10.1080/02678371003683747

Holtom, B., Goldberg, C. B., Allen, D. G., & Clark, M. A. (2017). How today's shocks predict tomorrow's leaving. *Journal of Business and Psychology.* https://doi.org/10.1007/s10869016-9438-9

Kovner, C., Brewer, C., Wu, Y.-W., Cheng, Y., & Suzuki, M. (2006). Factors associated with work satisfaction of registered nurses. *Journal of Nursing Scholarship.* https://doi.org/10.1111/j.1547-5069.2006.00080.x

Lee, T. W., & Mitchell, T. R. (1994). An alternative approach: The unfolding model of voluntary employee turnover. *Academy of Management Review.* https://doi.org/10.2307/258835

Ng, T. W. H. (2016). Embedding employees early on: The importance of workplace respect. *Personnel Psychology.* https://doi.org/10.1111/peps.12117

Ng, T. W. H., & Feldman, D. C. (2011). Employee voice behavior: A meta-analytic test of the conservation of resources framework. *Journal of Organizational Behavior.* https://doi.org/10.1002/job.754

Oxenstierna, G., Ferrie, J., Hyde, M., Westerlund, H., & Theorell, T. (2005). Dual source support and control at work in relation to poor health. *Scandinavian Journal of Public Health.* https://doi.org/10.1080/14034940510006030

Porter, C. M., Woo, S. E., Allen, D. G., & Keith, M. G. (2019). How do instrumental and expressive network positions relate to turnover? A meta-analytic investigation. *Journal of Applied Psychology.* https://doi.org/10.1037/apl0000351

Porter, L. W., & Steers, R. M. (1973). Organizational, work, and personal factors in employee turnover and absenteeism. *Psychological Bulletin.* https://doi.org/10.1037/h0034829

Prümper, J., & Becker, M. (2011). Freundliches und respektvolles Führungsverhalten und die Arbeitsfähigkeit von Beschäftigten. In B. Badura, A. Ducki, H. Schröder, J. Klose, & K. Macco (Hrsg.), *Fehlzeiten-Report 2011: Führung und Gesundheit* (S. 37–47). Springer.

Raeder, S., & Grote, G. (2012). *Der psychologische Vertrag.* Hogrefe.

Semmer, N. K., Tschan, F., Jacobshagen, N., Beehr, T. A., Elfering, A., Kälin, W., & Meier, L. L. (2019). Stress as offense to self: A promising approach comes of age. *Occupational Health Science.* https://doi.org/10.1007/s41542-019-00041-5

Stocker, D., Jacobshagen, N., Krings, R., Pfister, I. B., & Semmer, N. K. (2014). Appreciative leadership and employee well-being in everyday working life. *German Journal of Research in Human Resource Management.* https://doi.org/10.1688/ZfP-2014-01-Stocker

Van Quaquebeke, N., & Eckloff, T. (2010). Defining respectful leadership: What it is, how it can be measured, and another glimpse at what it is related to. *Journal of Business Ethics.* https://doi.org/10.1007/s10551-009-0087-z

Van Quaquebeke, N., & Felps, W. (2018). Respectful inquiry: A motivational account of leading through asking questions and listening. *Academy of Management Review.* https://doi.org/10.5465/amr.2014.0537

Zok, K. (2011). Führungsverhalten und Auswirkungen auf die Gesundheit der Mitarbeiter – Analyse von WIdO-Mitarbeiterbefragungen. In B. Badura, A. Ducki, H. Schröder, J. Klose, & K. Macco (Hrsg.), *Fehlzeiten-Report 2011: Führung und Gesundheit* (S. 27–36). Springer.

Zum Weiterlesen

Häfner, A., Pinneker, L., & Hartmann-Pinneker, J. (2019). *Gesunde Führung: Gesundheit, Motivation und Leistung fördern.* Springer.

Häfner, A., & Truschel, C. (2022). *Fluktuationsmanagement: Ungewollte Kündigungen vermeiden.* Hogrefe.

Alexander Häfner
Lydia Pinneker
Julia Hartmann-Pinneker

Gesunde
Führung

Gesundheit, Motivation
und Leistung fördern

Printed in the United States
by Baker & Taylor Publisher Services